장모님과 국화꽃

전설 지음

도서출판
디자인21

장모님과 국화꽃

전설 지음

머리말

삶에 지쳐 위로를 받고 싶고, 행복해지고 싶은 사람들이여!

행복해지고 싶은데 해답을 찾기 어렵다면 지금 당장 전박사가 전하는 이야기를 통해 소소한 행복을 찾아보세요!

인간은 누구나 행복하길 원하고 또한 행복해질 권리가 있다. 하지만, 행복해지기 위해 무엇을 해야 하는지 그리고 진정한 행복이 무언지에 대해서는 깊이 고민해보지도 않고 하루하루 사는 게 우리네 삶인지도 모른다. 굳이 노력해야 한다면, 물질적인 풍요에 근거하여 목구멍이 포도청이기에 의식주 해결을 위해 앞만 보고 부지런히 달릴 뿐이다. 인생이 뭔지, 행복이 뭔지 굳이 이런 질문 따위에 신경 쓰는 것조차 힘겹고 버거워 심지어 이런 생각을 한다는 자체가 사치가 될 수 있음을 너무나 잘 알 정도로 하루하루가 때로는 힘겹기 때문이다.

삶에 지쳐 어느 순간 뒤를 돌아보면 자신이 무엇을 위해 살아가는지 허무함을 느끼곤 한다. 그러면서 도대체 왜 살아가는지 많은 회의를 하게 된다. 그러한 순간, 위로를 주기 위해 그리고 무의미한 삶에 조금은 힘이 되기 위해 올해 마지막 순간 이 책을 출간하게 되었다. 너무나 거창한 사회적 성공이나 승진, 경제적

풍요를 떠나 하루하루 일상적인 삶에서도 잔잔한 행복을 느낄 수 있는 것은 바로 주변 사람들과 작지만 소소한 기쁨을 같이 나눌 수 있기 때문이라고 생각한다.

우린 '다음에 보자, 시간 되면 만나자'라는 말로 늘 다음을 기약하지만, 과연 그다음이 언제 올지 잘 모른다. 그냥 막연한 약속으로 서로 안부를 묻곤 하는데, '지금 당장! 만남에 대한 약속을 잡고 서로서로 만나 그냥 살아감에 감사드리고 서로의 살아가는 이야기를 나눈다면 일단은 행복에 첫발을 내딛는 거로 생각한다.

그저 평범한 일상적인 삶에서 행복을 꿈꾸는 나에게 우리집 귀염둥이 낭만고양이 비바와 낭만강아지 빌리의 삶을 빗대어 가족관계의 삶을 다시 조명해보고 이들의 심리적인 묘사를 통해 인간관계를 그려내 보고자 동화 2편을 쓴 것도 개인적으로는 의미 있는 축복이라고 생각한다. 어른들을 위한 동화를 통해 지친 삶에 자그마한 행복과 힐링이 되길 간절히 기도해본다.

차례

〈1편〉 어른을 위한 동화

1. 낭만고양이 비바의 꿈

우리집에는 빌리형이랑 흔히 말하는 집사인 아빠, 엄마, 그리고 할머니 이렇게 같이 살고 있다. 할머니는 원래 같이 산 게 아닌데 어느 순간, 할머니는 우리집 가족이 되어버렸다. 그렇다고 계속 우리집에만 있는 것은 아니다. 연세 드셨는데 뭔 일을 하는지 무척 바쁘다. 그래도 난 할머니가 참으로 좋은 이유가 늘 나랑 함께 잘 놀아주기 때문이다. 손주 사랑은 할머니라고 하더니 그 말이 딱 맞나보다. 날 너무나 아끼고 사랑하는 할머니가 난 너무나 좋다.

사실 내가 우리집에 오기 전 이미 빌리형이 터줏대감으로 예쁜 사랑을 받았고 난 뒤늦게 우리집에 와서 형아 눈치를 봐야 하는 상황이었다.

우리집에서 서열이 가장 높은 사람은 당연히 아빠다. 다음은 내가 보기에 아빠의 사랑을 독차지하고 있는 빌리형인 것 같다. 엄마는 빌리형한테 순위에서 밀리는 분위기이다. 아직 그 이유는 잘 모르겠는데 버릇없는 빌리형이 너무 짖어서 그냥 버려두는 느낌도 든다. 아니면 너무나 귀여워서 그냥 봐주는 느낌도 든다. 빌리

형은 올해 10살이다. 내가 우리집에 왔을 때 형은 이미 6살로 온 집안의 귀염이란 귀염은 독차지하고 있었다. 그런데, 내가 오고 나서 그 귀여움이 나한테로 옮겨와서 빌리형은 늘 쌍심지를 켜고 나를 호시탐탐 감시하며 나를 괴롭힐 궁리를 하는 것 같다. 아빠가 없으면 그래도 빌리형은 나를 너무나 잘 챙겨준다. 사실 챙겨준다는 말보다는 나한테 신경 쓰지 않고 그냥 빌리형아의 꿈속에서 쿨쿨 자기 바빠 나한테 신경 쓸 겨를이 없다는 말이 옳다.

나는 일산의 화목한 집에서 태어나 나름 행복하게 살았는데, 아무래도 이전 집에는 다른 형제 고양이들이 많아서 부모님은 나를 정말 친자식으로 애정을 갖고 키워줄 좋은 집안을 물색하셨고 아름아름 나를 알게 된 설이 아빠가 나를 데리러 왔다. 당시 하얀색 차를 몰고 온 아빠를 본 순간, 난 이전 내가 살던 곳을 떠나야 한다는 사실에 너무 슬퍼 차 안에서 꼭꼭 숨어 우리집까지 왔던 기억이 난다.

새로 온 우리 집은 예전 집보다 훨씬 넓고 좋았다. 60평 되는 아파트에서 이제 나의 새로운 인생을 시작하나보다 은근 기대도 되었지만, 이거 웬걸? 오자마자 나를 호시탐탐 노리는 빌리 형아가 내가 자는 방문을 들어오기 위해 밤낮으로 짖어대며 나를 무섭게 만들었다. 낯선 이방인이 나타나 아빠 사랑을 독차지하고 어느 순간 찬밥이 되어버린 자신의 처지를 슬퍼한 빌리형이 질투

아닌 질투를 강하게 하고 있던 것이다. 낯선 환경에서 어쩔 줄 모르는 나를 위해 아빠는 침대방도 마다하고 공부방에서 나랑 패드를 깔고 같이 잠을 자며 어린 나를 위해 물과 밥 등 정성스레 챙겨주었다. 그리고 빌리 형아가 나를 괴롭히지 못하도록 아예 방문을 꽁꽁 잠그며 오로지 나만을 위해 그렇게 1주일의 시간을 보낸 후 드디어 나를 빌리형에게 소개해주었다.

"너 왜 우리집에 온 거야? 여긴 내가 사는 집이고, 내가 형이니까 너 까불면 혼난다!"

처음부터 기선 제압을 하고 군기를 잡기 위해 빌리형은 단단히 무게 잡으며 목소리를 깔았다. 너무나 무서워 나는 모기 기어가는 소리로 천천히 내 소개를 했다.

"안녕하세요? 빌리 형! 오늘부터 비바로 불리며 살게 된 1살짜리 비바라고 해요!"

처음 빌리 형을 본 순간 너무나 넘치는 카리스마에 난 살짝 긴장했다. 내 이름은 아마 내가 오기 전 우리집에 살다가 1살을 채 못 넘기고 무지개다리를 건넨 다른 고양이 형이름을 그대로 따서 아빠가 나에게 붙여준 이름이다. 빌리! 비바! 이렇게 우린 같은 집에 살게 되었다.

빌리형과 산다는 것은 사실 너무나 큰 스트레스이다. 나도 사실 뼈대 있는 가문 출신으로 브리티시 쇼트헤어라는 공식 인정받는 가문의 후손이다. 빌리형아는 화이트 포메라리언 가문으로 따지면 막상막하라고 생각한다. 어린 나로서는 나이에서 또는 우리집에 산 시간에 밀려 평생 형한테 기 한번 못 펴고 살 것 같다. 그래도 아빠가 날 너무 사랑하는 것 같아서 난 괜찮다.

1주일간 아빠랑 행복하게 시간을 보낸 후 난 아빠가 나를 위해 마련해준 아래가 훤히 내려다보이는 집에서 생활하며 그리고 나만의 어둡고 안정된 공간을 찾아서 옷장이며 이불장에 꼭꼭 숨어서 낮에는 주로 잠을 자며 새로운 환경에 적응해가기 시작했다. 낮에는 피곤하기도 하고 할 일도 없어서 그냥 잠으로 나의 시간을 보낸 것 같다.

언젠가 아빠가 나를 위해 빌리 형아랑 이렇게 셋이 양양 마당 있는 집으로 여행을 가서 모처럼 나를 마당에서 몇 시간 자유롭게 같이 놀아준 적이 있다. 다른 친구 고양이들은 자유롭게 마을 도로를 자유롭게 활보하며 다니는데, 나만 집안에 갇혀 지내는 것 같아 사실 속상했는데, 이런 나를 위해 아빠가 특별히 배려하여 함께 시간을 보낸 것이다. 아빠는 마당에서 신나는 음악을 켜놓고 춤추며 운동하고 빌리 형아는 뒷마당에 가서 뭘 찾고 노는지 흙장난을 치며 노는 동안 나는 마당에 날아다니는 나비를 조심스레 잡으며 모처럼 즐겁게 지냈다.

아무리 집안에 살았어도 야생의 본능이 있나 보다. 나비랑 파리를 보면 왠지 잡고 싶고 멀리 날아다니던 참새가 행여 마당에 내려와 뭔가를 먹으려고 쪼아대면 뒤에 숨었다가 몰래 다시 잽싸게 달려 나와 참새를 잡으려고 하는데, 요 녀석이 쉽게 잡히지 않는다. 밤마다 마당 있는 우리집에 놀러 오는 다른 친구 고양이에게 참새 잡는 비법을 물어봐야겠다. 어떻게 하면 자연에서 잘 생활할 수 있는지 노하우를 물려받고 싶다. 과연 나한테 가르쳐주려는지 모르겠다. 난 친해지고 싶은데 녀석들은 나만 보면 도망가기 바쁘다.

양양의 바다가 난 어떻게 생겼는지 난 아직 잘 모른다. 그냥 아빠가 간혹 전화로 친한 동생들과 통화하는 이야기를 통해 바다가 어떤 곳인지 난 짐작할 뿐이다. 아빠는 내가 밖에 나가면 어떻게 도망갈지 모른다고 생각해서 늘 나에게 목줄 하며 고작 자유를 주는 시간과 공간이 마당에서의 짧은 2-3시간이 최고의 선물이다. 난 그 시간 동안 밖에서 부는 바람을 쐬며 따뜻한 햇볕과 인사 나누고 마당에 핀 꽃들과 발장난을 치며 간혹 마당 큰 물통에 담긴 빗물을 아빠 몰래 마시며 나만의 자유를 만끽한다. 그래도 난 감사를 드린다. 아빠가 나를 위해 특별히 여행을 준비한 것을 너무 잘 알기 때문이다.

아빠가 빌리형이랑 유모차나 아빠의 큰 차 타고 바닷가로 여행 간 동안 난 다시 집안에서 창밖을 마냥 바라보며 아빠가 돌아오기만 기다린다. 사실 기다린다기보다는 그냥 집안에서 마당 밖을 바라보며 다른 친구 고양이들이 몰래 우리집에 들어오는 것을 관찰하기도 하며 빨랫줄에 앉아 마냥 지저귀는 참새를 잡을 궁리를 하고 있다.

"야, 너 서울서 내려온 흰둥이구나! 여긴 사실 우리 아지트야! 그런데 너 왜 오랜만에 여기 다시 내려온 거야?"

"안녕! 너 나 알어? 음.. 하긴 지난번 밤에 너 살짝 본 것 같기도 하다! 난 여기 바람 쐬러 왔어! 맑은 공기, 푸른 바다, 음... 클럽이 있는 서피비치!! 난 그런데 사실 바다는 잘 몰라! 그런데, 너 밖에 지내는 것 괜찮아?"

난 호기심 어린 말투로 이런저런 질문을 하며 내가 평소 궁금한 것을 물어보고 싶었다. 어떻게 해서든 이 친구들과 친해져서 외로운 나의 삶에 친구를 만들고 싶었다. 다행히 오늘은 왠지 기분이 좋은지 이 친구들이 나한테 제법 말도 걸고, 낯익어서 그런지 왠지 친한 척 답변하기도 한다.

"당연하지! 우린 야생에서 사는 게 너무 좋아! 너도 우리랑 같이 밖에서 놀러 다니지 않을래?"

"나도 그렇게 하고 싶지만, 아빠는 내가 없으면 너무 슬퍼할 거야! 난 그래도 아빠 품이 세상에서 제일 좋거든!"

"알았어! 마음 바꾸면 언제든지 우리랑 자유롭게 놀러 다니자! 다음에 봐!"

친구 녀석이 떠나고 다시 외롭게 마당을 멍하니 바라본다. 난 아마도 야생에서 살도록 태어난 것 같은데 어느 순간, 나에게 집이라는 공간이 생기고 이곳 집안에서 사는 데 익숙해져 버렸다. 그래서 먹을 것 찾으러 다니지 않아도 되고, 춥지도 않고 난 너무 좋다. 그런데도 뭔가 모를 그리움이 늘 엄습하며 새롭고 이상적인 그 어딘가를 난 항상 간절히 바라고 있다.

만약 내가 친구를 따라다닌다면 난 아마도 비가 오면 처마 끝에서 떨어지는 빗물을 맞지 않기 위해 몰래 다른 집 헛간이나 창고에 숨어 들어가야 할 것이다. 여기서 지난번 만난 다른 고양이 친구가 나한테 은밀한 사실을 알려주었다. 밖에서 사는 게 참 자유로울 것 같지만, 가끔 마음씨 고약한 아저씨들은 자기들만 보면 갑자기 돌변하여 돌을 집어 던지고 고래고래 고함을 지르면서 자기네 집 밖에서 나가라고 윽박지른다는 것이다. 아무것도 잘못한 것도 없는데 자기네만 보면 괜히 성질내고 화를 내며 아예 발도 못 붙이게 한다는 것이다.

사실 고양이 친구들이 정도 많고 사람을 위해서 해주는 게 너무나 많은데 일부 사람들은 잘 모르는 것 같아서 속상하다고 말한 것이 기억난다. 하긴, 나는 집안에서 그렇게 할 일이 없지만, 친구들 말을 들어보면 밤에는 쥐를 잡아 저녁 식사를 한다고 하니 사람으로 봐서는 해로운 쥐가 없어지면 칭찬이라도 해줘야 하는데, 사실은 그렇지 않은가 보다. 사람들이 하는 얘기를 들어보면 고양이들이 밤마다 울부짖는 소리에 무서움을 느낀다는 것이다.

언젠가, 아빠가 동물병원에 데리고 가서 나를 중성화 수술시켜줬던 기억이 난다. 너무나 아파서 고통스러웠는데 중성화 수술을 받고 난 이후 나도 이제 더는 그렇게 크게 울지는 않는 것 같다. 양양에 있는 고양이 친구들도 얼른 수술받고 더는 울지 않았으면 좋겠다.

아빠가 나가면서 창문을 열어두어 방충망 사이로 바닷바람이 살포시 들어온다. 난 바다의 비릿한 내음이 너무 좋다. 난 아직 바다를 한 번도 가보지는 않았지만, 바다는 너무나 멋질 것 같다. 내가 사실 생선을 참 좋아하는데 아빠는 생선에 가시가 있다고 잘 주지는 않는다. 그런데, 언젠가 아빠가 옥돔 생선 살을 발라서 조금 줬는데 어찌나 맛있던지 난 아직도 그 맛을 잊을 수가 없다.

난 꿈이 있다. 아빠랑 같이 바다 가서 물고기를 꼭 잡고 싶다. 사실 난 물을 그렇게 좋아하지 않아서 언젠가 아빠가 나를 욕탕에 데리고 가서 목욕을 시키는데 막 화를 내며 발톱으로 아빠를 할퀸 기억이 난다. 아빠한테 싫다며 고래고래 고함을 질렀는데 그 이후로 아빠는 빌리형은 자주 목욕을 시켜주지만 난 그렇게 내가 싫어함을 알고 강요하지는 않는다. 난 그냥 물로 발장난 치는 것만 좋아할 뿐, 물에 들어가서 목욕하는 것은 그다지 좋아하지 않는다. 그런데도 왠지 바다는 들어가서 내가 좋아하는 물고기는 꼭 잡고 싶다. 아빠는 내가 모래사장에 가면 어디론가 도망갈 그거로 생각해서 그런지 아예 바다에는 데리고 가지도 않으며 나 역시 바다에 가면 많은 사람이 너무나 무섭고 낯설어 아직 바다에 갈 용기는 없다.

이제 날씨가 추워지고 바다에 사람이 줄어들면, 난 아빠한테 졸라서 꼭 양양 바다에 놀러 갈 것이다. 그리고 아빠랑 같이 바다에 들어가서 물고기를 꼭 잡을 것이다. 그리고 아빠가 해주는 물고기 바비큐를 먹으면서 나만의 낭만을 즐길 것이다. 나에게 버킷리스트는 그것 하나뿐이다. 물론 나도 여자 친구가 생기면 좋겠지만 아빠는 전혀 여자 친구를 만들어줄 생각을 하지 않기에 난 여자 친구에 대한 기대감은 아예 없다.

빌리형이 이제 10살이라, 아빠는 늘 형한테 걱정이 많다. 최근에는 내가 상상하기 힘든 비싼 빌리 형아 전용 유모차를 백화점에서 사 오셨다. 내가 보기에 너무 과소비인 것 같지만 날이 갈수록 걷는 것을 싫어하는 형아를 위해 아빠는 유모차에 빌리형을 태우고 이제 산책하러 나가는 것 같다. 아빠는 나도 형아랑 같이 유모차에 태우고 산책을 하고 싶지만, 난 아직 바깥세상이 두렵고 무섭다. 그나마 동물병원에 한 달에 한 번 발톱 자르고, 예방주사 맞으러 가는 것도 난 무섭고 두려워 만일 가방을 준비하는 것 같으면 어디론가 숨곤 하는데, 아빠는 금방 나를 찾아서 냉큼 유모차에 빌리형아랑 같이 싣고 병원으로 향한다.

나의 주치의 선생님은 참 친절하고 다정하다. 물론 내가 싫어하는 발톱을 깎고 내 몸에 약을 발라서 기분이 썩 좋지는 않지만 나도 선생님께 최대한 협조하려고 한다.

"우리 비바, 오늘 기분 안 좋아? 발톱 자르기 싫어?"

늘 선생님은 똑같은 말로 위로하며 내가 잠시 방심한 사이 내 발톱을 싹둑 자른다. 이제는 나 혼자서도 발톱 관리가 가능한데 아빠는 기어코 나를 병원에 데리고 와서 관리를 받게 한다. 그래도 아빠랑 산책하며 병원에 오는 시간이 빌리형이랑 다정하게 말을 건네며 여행하는 유일한 시간이기에 난 아빠가 들려주는 심신안정 음악을 들으며 병원으로의 여행을 즐긴다. 물론 병원으로 가는 사이, 빌리형은 나한테 제발 얌전하게 있으라며 협박 아닌 협

박을 하기도 한다.

"비바, 너 얌전히 병원 가야 해! 절대 케이지 안에서 도망가면 안 된다, 알았지? 만약 아빠 말 듣지 않고 함부로 하면 형이 혼내 줄 거야!"

난 사실 세상에서 빌리 형이 제일 무섭다. 할머니는 가끔 물장난을 치고 밥을 엎어버려도 말로만 뭐라고 하시지 나를 크게 혼내지는 않는다. 가끔 내가 할머니가 너무 좋아 침대에서 할머니 옆에 잠을 청하고 할머니 다리에 내 몸을 비비면 털 날린다며 살짝 귀찮아하고 밀치기도 하지만, 그래도 나랑 같이 장난감으로 놀아주는 사람은 할머니밖에 없다. 엄마는 요즘 건강이 좋지 않아 자주 병원에 다녀 사실 나한테 예전만큼 잘해주지는 못한다. 그래도 엄마는 나를 너무나 아끼고 사랑하는 것을 너무나 잘 안다. 엄마는 늘 식탁에서 나를 위해 기도하신다. 내가 건강하게 잘 자라도록 간절한 기도와 노래를 부르는데 나도 이제 5살이고 철이 났으니 엄마의 마음을 알 것 같다.

아무리 소파를 발톱으로 쥐어뜯고 온 집안을 돌아다니며 장난을 쳐도 너무나 신기한 게, 우리집에서 엄마, 아빠, 할머니는 아무런 야단도 치지 않는다. 내가 유일하게 눈치를 보는 이는 바로 빌리형 뿐이다. 빌리형은 내가 어디를 가든 감시하면서 절대 집안을 어지럽히지 못하도록 계속 짖어댄다. 형이 귀찮기도 하지만 이제 같이 살아온 시간이 5년이 넘기 때문에 난 이제 형을 이해하기도 한다. 가끔 형이 떠나고 나면 내 세상인 것처럼 거실 소파에 앉아서 텔레비전도 보기도 하고 벌러덩 누워 먼 하늘도 바라보며 나만의 시간을 갖곤 한다.

다시 양양에 가고 싶다. 아빠가 정성껏 가꾼 마당에 핀 형형색색의 국화꽃을 감상하고 싶다. 국화꽃 향기가 난 그렇게 좋을 수가 없다. 마당에 뒹굴뒹굴 누워서 파란 양양 바다를 보고 싶다. 그리고 아빠한테 이제는 정중하고 말씀드리고 싶다.

"아빠! 나도 아빠랑 바다 가서, 물고기 잡고 싶어!"

아빠는 요즘 너무 바빠서 시간이 없는지, 아예 차 타고 어디 여행 갈 생각을 하지 않는다. 난 아빠가 늘 지금처럼 건강해서 빌리형이랑 엄마, 할머니랑 이렇게 행복하게 살았으면 좋겠다. 아빠가 컴퓨터 모니터를 바라보며 줌으로 수업하는 동안, 난 아빠의 전용 안마기에 앉아서 아빠가 일하는 걸 물끄러미 바라보며 조용히 잠을 청할 때 가장 행복하다. 빌리형이 늘 나를 질투해서 빌리형이 있을 때는 아빠한테 다가가기가 너무나 힘들지만, 다행히 빌리형이 산책 다녀와서 지친 나머지 침대에 벌러덩 누워 잠을 청할 때는 유일하게 아빠 근처 안마기로 다가가 아빠를 그나마 가까이서 바라볼 수 있기에 난 그것만으로도 만족한다.

가을이 다 저물기 전, 난 단풍 곱게 든 설악산을 구경하고 싶다. 그리고, 말로만 듣던 양양 인구해변과 죽도해변 모래사장에서 신나게 뒹굴뒹굴 놀고 싶다. 바닷물이 아직 그렇게 차갑지는 않다고 하니 물에 들어가 물고기도 잡고 싶다. 아빠가 꼭 내 소원을 들어줬으면 좋겠다.

2. 낭만강아지 빌리의 꿈

어느 날 우리집에 흰둥이 녀석이 찾아 왔다. 찾아 왔다기보다는 사실, 온 가족이 이 흰둥이 녀석을 어딘가에서 데리고 왔다. 작고 하얀 이 녀석은 얼핏 보기에도 1살 남짓 되어 보였고 새로운 환경인 우리집에 뭔가 낯설고 두려운 느낌이 드는 것 같았다. 아빠는 평소 나의 성격을 너무나 잘 알기에 애당초 이 녀석과 낯선 첫 만남을 원치 않으셨고 그러므로 아빠가 연구하는 서재에 이 녀석을 보호하며 나와 격리했다. 사실 나랑 얼마 동안 같이 살았던 흰둥이 페르시안 고양이가 불의의 사고로 하늘나라로 떠나간 뒤 나도 그렇게 마음이 좋지 않았고, 그 녀석의 빈자리가 크게 느껴졌기에 나도 새로운 녀석이랑 잘 지내고 싶었는데 아빠는 내 마음을 잘 모르는 것 같다. 아무튼, 아빠의 오해인지 잘못된 선택으로 처음부터 이 녀석과 나는 관계가 멀어지기 시작했다. 1주일쯤 지나자 아빠는 이 녀석을 나에게 정식 소개해줬다.

"빌리야! 오늘부터 우리집에서 우리랑 같이 지낼, 빌리 동생 비바찡이야! 그냥 비바라고 불러! 동생 잘 돌보면서 사이좋게 지내야 해! 행여 텃세 부리면 안 된다, 알았지?"

속으로는 그렇게 정이 가지 않았지만, 아빠 사랑을 독차지하고 싶은 나로서 어쩔 수 없이 아빠의 말을 들을 수밖에 없다. 아빠는 내가 말 듣지 않는 것을 너무나 싫어하기 때문이다.

“네, 아빠! 동생 비바 돌보면서 사이좋게 지낼게요!”

워낙 연기를 잘하는 견생이라, 아빠 앞에서는 천연덕스럽게 거짓말하기 일쑤이고 동생을 사랑하는 코스프레를 할 수밖에 없다.

아빠 뒤에서 눈치만 살피던 비바가, 드디어 1주일 만에 내 앞에 정식으로 모습을 드러내기 시작했다. 하얀 털로 뒤덮인 모습이 외모가 굳이 점수를 매기자면 왜 아빠가 픽했는지 알 수 있을 정도로 높은 점수를 주기에 충분했다. 고귀한 자태가 철철 흘러넘쳤다. 아빠 말로는 뼈대 있는 영국 가문 출신이라고 했다. 나도 나름 명망 있는 집안 출신으로 족보까지 있는데 이 녀석도 나랑 만만치 않은가 보다.

“안녕하세요? 오늘부터 이곳에 가족으로 같이 지내게 된 비바입니다. 저는 브리티쉬 쇼터 헤어이고 1살입니다. 형이랑 이곳에서 잘 지내고 싶어요! 많이 도와주세요!”

초롱초롱한 눈망울에 말까지 잘한다. 아직 어린 녀석이라 내가 잘하면 이 녀석을 내 동생이라기보다는 부하로 부려먹어도 될 것 같다는 생각이 든다. 사실 난 아빠 사랑만 독차지하면 되기 때문에 내 영역만 건드리지 않으면 굳이 이 녀석을 헤칠 생각은 없다. 그런데, 눈에 흐르는 애교가 영락없이 분명 아빠 사랑을 빼앗아갈 것 같은 불길한 예감이 든다. 어떻게 하든 아빠 사랑을 반드시 지켜야 한다.

아빠는 비바가 온 이후 더더욱 정성을 쏟는 것 같다. 바쁜 아빠의 일상에서 굳이 전화하지 않아도 되는데 수시로 엄마한테 전화해서 비바의 안부를 묻곤 한다. 굳이 전화하지 않아도 될 상황인데 그렇게 비바녀석이 걱정되나보다. 마음속으로 서운한 마음이 들기 시작했다. 과연 나한테는 이 정도 신경 썼을까? 내가 종일 아빠만 기다리면서 문 앞에서 기다리는 동안 과연 아빠는 나를 몇 번이나 생각할까? 생각할수록 억울하고 서운하고 분한 마음이 든다. 모두 저 녀석 때문이다. 왠지 저 녀석이 나에 대한 아빠 사랑을 갉아먹고 있다는 생각이 들었다. 그런데 절대 아빠한테 그런 티를 내면 안 된다. 아빠는 동생이랑 화목하게 지내는 걸 좋아하는데 행여 내가 새로 온 동생 비바랑 사이좋게 지내지 않고 내가 비바한테 질투를 하는 걸 눈치채면 분명 나이 많은 나에게 화를 낼 것이 분명하기 때문이다.

'그래! 연기하자! 이제부터 난 연기를 해야 이 집에서 살아남을 수 있다. 이제 내 나이도 6살인데, 이 정도 나이이면 충분히 내 앞가림은 나 스스로 해야 이 험난한 세상에서 살아남을 수 있다! 반드시 살아남아야 한다! 사는 게 참 힘들고 피곤하지만 그래도 난 이겨내고야 말리라!'

비바가 오고 난 후 우리집에 다시 활기를 띠는 분위기이다. 워낙 아빠가 하늘나라로 먼저 간 비바를 사랑해서인지 새로운 녀석도 여전히 비바라고 이름 지어 비바를 추모하고 기억하는 것 같다. 사실 하늘나라 간 비바는 우리 집에서 채 1년도 살지 못하고 우리랑 이별했기에 나도 비바가 너무 그립고 보고 싶다. 그래서 더더욱 새로운 비바한테 처음부터 마음을 붙이지 못하는지도 모른다. 그런데, 한 가족이 되었으니 이제 어쨌든 친하게 잘 지내야 한다. 가족의 화목을 위해 내가 할 수 있는 역할이 크다고 생각한다.

새로운 비바녀석을 위해 아빠는 인터넷으로 큼직하고 좋은 캣타워를 새로운 집으로 마련해주셨다. 지난번 캣타워도 너무 좋았는데, 아무래도 아빠는 좀 더 좋은 집을 구입해 아가 비바가 우리 집에 잘 적응하도록 도와주고 싶었던 것 같다. 이제 우리집에 온 지 겨우 1주일 남짓 지났는데 이 녀석은 60평 되는 우리집을 구석구석 탐색을 끝내고 완전히 적응한 것 같다. 될 수 있는 대로 나랑 동선이 겹치지 않도록 비바는 눈치껏 잘 생활하는 것 같다.

아빠가 일하고 집에 돌아오면 절대 아빠 앞에 먼저 나서지 않는다. 사실 우리집에 아빠가 차 타고 돌아왔다는 시그널이 우리집에 울려 퍼진다.

"우리집 차가 도착했습니다. 우리집 차가 도착했습니다."

이 소리가 우리집에 울려 퍼지면 아빠가 도착했다는 말이기 때문에, 난 냉큼 문 앞으로 달려나가 아빠를 맞이할 준비 한다. 사실 다른 가족들은 나만큼 아빠를 기다리지 않는지 늘 아빠를 맞이하는 건 내 차지이다. 자다가도 얼른 깨어 문 입구에서 아빠한테 달려가 꼬리를 흔들며 아빠한테 매달려 뽀뽀하며 내가 표현할 수 있는 모든 애정 표시를 한다.

"울 빌리! 잘 있었어? 그렇게 아빠 보고 싶었어? 에궁! 우리 빌리펑C!"

사실 나의 풀 네임은 빌리펑C이다. 왜 이렇게 부르는지 알 수 없지만, 아빠는 그때그때 나에게 걸맞은 다양한 이름을 부르며 나를 안아 주신다. 아무튼 우리집에 아빠가 돌아오면 난 세상에서 가장 행복하기에 무조건 아빠를 졸졸 따라다닌다. 그런데, 비바가 우리집에 오고 나서 나와의 만남은 잠시뿐이고, 얼른 나를 현관 바닥에 내려놓고 구석에 웅크리고 있는 비바녀석을 찾으며 비바에게 사랑을 쏟기 시작한다.

"울 비바! 오늘 잘 지냈어? 아빠 보고 싶지 않았어? 울 비바!"

어느 순간, 우리집에서 비바 다음으로 애정 순위가 밀려난 느낌이다. 하늘나라로 간 비바가 우리집에 오기 전, 난 우리집의 사랑을 독차지하는 귀염둥이로 내가 뭘 해도 늘 아빠는 내 편이었다. 늘 아빠는 나랑 함께 운동 다니고 집에서도 늘 나를 품에 안고 귀엽다며 사랑을 표현해 주셨는데 어느 날 하늘나라가 간 흰둥이 비바가 등장한 후 나만 차지하던 사랑은 어디론가 사라져버린 느낌이라 난 동생이라는 존재가 그렇게 좋지만은 않다. 새롭게 우리 가족으로 이번에 나타난 녀석이 새로운 다크호스로 귀여움이 만만치 않아 늘 나는 걱정이다. 어떻게 하면 예전에 나 혼자 있을 때 받았던 사랑을 독차지할 수 있을까? 잃어버린 아빠 사랑을 다시 찾아오기 위해 난 일부러 시무룩한 척 고개를 숙여 보기도 했고 그렇게 좋아하는 밥이랑 간식을 거부해보기도 했고, 아빠가 집에 돌아오면 일부러 숨어서 모습을 드러내 보이지 않기도 했는데, 잠시 효과는 있을지 모르지만, 결국엔 내가 먼저 백기를 들고 아빠한테 다가가 꼬리를 흔들며 먼저 애정을 표현하곤 한다. 내가 루저인 셈이다. 그래도 난 괜찮다. 아빠를 너무나 사랑하기 때문이다.

우리집에 처음 오던 날을 난 아직도 기억한다. 내가 오기 전, 우리집엔 하늘나라 간 꾸꾸 형아가 사랑을 독차지했는데 로드킬로 상심하던 차 내가 웃음을 잃어버린 우리집에 한 줄기 빛처럼 그렇게 사랑의 불꽃을 다시 피웠다고 한다. 워낙 수줍음이 많았지만, 왠지 사랑을 주는 아빠가 그렇게 마냥 좋아 난 아빠바라기가 된 것 같다. 늘 나를 데리고 밖에 산책하러 나가주고, 그렇게 목욕을 좋아하는 것은 아니지만, 아빠가 샴푸로 씻겨주면 싫다 하지 않고 그렇게 아빠랑 함께 보내는 시간이 좋아 가만히 있으며 아빠의 손길을 느끼곤 했다.

"우리 빌리! 그렇게 아빠랑 목욕하고 싶었어? 어이쿠 이뻐라! 우리 새깽이 빌리!"

아빠가 행복해하는 모습을 나 역시 너무나 좋아하기에, 그렇게 물을 좋아하지 않지만 늘 행복한 모습으로 아빠를 바라보곤 했다. 그리고, 아빠는 살을 빼야 한다며 늘 맛있는 것 먹는 것 좋아하지만, 그래도 식사 후 산책을 다니곤 했는데, 그때마다 아빠는 늘 나랑 함께였다. 나 역시 바깥바람 쐬는 것을 너무나 좋아하기에 등산이든 길거리 산책이든 아무리 덥거나 추워도 늘 아빠랑 함께 하며 아빠와의 추억을 만들곤 했다.

새로운 비바 녀석은 눈치 참 빠르다. 내가 아빠랑 단둘이 있을 때, 이 녀석은 절대 아빠 곁에서 애교를 부리지 않는다. 언젠가 내가 했던 말을 비바가 기억하고 될 수 있는 대로 내 비위를 건드리지 않는 편이다.

"비바! 너 절대 아빠한테 애교 부리면 안 된다. 아빠 침대는 내 차지니까 넌 절대 아빠 침대에 자면 안 돼! 대신 엄마랑 할머니 침대는 네가 가서 자도 돼! 그리고, 내가 주로 활동하는 영역엔 너 절대 침범하면 안 된다! 그것만 잘 지키면 그래도 별 탈 없이 잘 지낼 거야!"

다소 상기한 눈초리와 표정으로 비바는 고개를 숙이며 모기기어가는 소리로 답변했다.

"알겠어요! 빌리형! 그렇게 하도록 노력할게요!"
"노력이 아니라 반드시 그렇게 해야 해!"
"네네, 잘 알겠습니다. 그렇게 하겠습니다."

일단 서열이 잘 잡혔기에 난 이 녀석을 믿어 보기로 했다. 비바는 발톱이 가렵다며 하루에 수십 번 발톱으로 온 집안 소파를 비롯한 캣타워에 있는 기둥도 발톱으로 다 할퀴어 사실 집안이 온전하지가 않다. 비바가 내 말을 잘 듣기는 하는데, 아무래도 본능에서 비롯된 이러한 발톱 할퀴기는 참기가 쉽지 않은지 눈에 보이는 대로 온통 집안 가구며 벽이며 천을 다 할퀴어 엉망진창이다. 이쯤이면 아빠가 비바를 혼낼 법도 한데, 아빠는 비바의 이런 모습마저도 사랑스러운지 칭찬으로 일관한다.

"어이쿠! 우리 비바! 이렇게 자라서 할퀼 줄도 알어? 에구 예뻐라! 우리 비바!"

이러면서 비바가 집안을 엉망으로 만드는데 그저 이쁘다고 난리다. 이렇게 자식 교육하면 분명 나중에 후회할 텐데 일명 대한민국 최고의 교육전문가라며 매번 아빠 주변 친구분들이랑 전화로 통화하는 것 같은데 집안 교육은 그렇게 잘하는 것 같지가 않다. 아빠가 다른 사람들한테 싫은 소리를 듣지 않기 위해서라도 이 집안의 기둥인 내가 동생 비바교육은 반드시 시켜야 한다는 사명감이 더더욱 강하게 들었다.

"비바! 너 왜 자꾸 집안 어지럽히는 거야? 그리고 저 소파가 얼마짜리인데 겁 없이 함부로 할퀴는 거야? 너 정신이 있어 없어?"

"죄송해요, 빌리형! 저도 모르게 자꾸 발톱이 가려워서 할퀴게 되는데 앞으로 조심할게요! 형 심기를 건드려 너무 죄송합니다! 정말 앞으로 더 잘할게요!"

말은 청산유수처럼 잘한다. 하긴 비바는 내가 봐도 착하긴 한 것 같다. 가끔 산책하러 나가 다른 친구들한테 같이 사는 야옹이 친구들 근황을 들어보면 앙숙으로 서로 싸우기 바쁘다고 한다. 행여 우리 강아지들이 크게 짖기라도 하면 냉큼 야옹이가 나타나서 발로 할퀴고 높은 곳으로 도망가버려서 어떻게 할 수가 없다는 것이다. 그런데 우리집 비바는 소파 할퀴는 것 빼고는 내가 하는 말을 너무나 잘 듣는 편이다. 게다가 내가 뭐라고 해도 절대 발톱을 드러내며 할퀴거나 그렇게 하지는 않는다. 물론 이제 어느 정도 친해져서 가끔 장난치는 정도로 나를 놀리기는 하지만, 그렇다고 나에게 대들지는 않는다. 그래서, 그나마 아빠를 비롯해 온 가족이 집을 비우고 어디 외출이라도 할 것 같으면 난 비바동생을 돌보며 우리집을 지키려고 노력한다.

사실 비바는 내 눈치 봐서 그렇기도 하지만, 활동반경이 그리 크지는 않다. 집 모퉁이나 옷장 구석을 비롯한 캣타워가 전부일 정도로 협소한 공간에서 자기만의 삶을 사는 것 같다. 그리고 하는 거라곤 고작 잠자고 창밖을 내려다보며 멍때리는 것이 전부이다. 비바의 멍때리기가 최근 사람들 사이에서도 유행이라고 한다. 참 인간은 특별하기도 하고 이상하기도 한 것 같다. 비바의 멍때리기가 뭐가 좋다고 따라 하는지 난 도무지 이해할 수가 없다. 그리고 사람들은 개 팔자가 상팔자라며 우리가 매일 먹고 노는 줄만 아는데 우리도 사람들 사랑을 독차지하기 위해서 얼마나 연구하고 노력하는지 모른다. 아침에 일찍 일어나 하는 일이 남들은 그저 밥만 먹고 집만 지키면 되는 줄 알지만, 최근에는 집 지키는 일도 우리의 영역에서 밀려나 우리가 가장 공들이는 일은 오로지 집에 같이 생활하는 가족들로부터 사랑을 받아 버림을 받지 않기 위해 노력하는 것이다.

사실 얼마 전, 알게 된 친한 친구 녀석이 있는데 그 녀석이 한 날 보니까 냇가에서 혼자 목줄도 없이 다니길래 물어봤더니, 이민 가는 그 녀석 부모님이 글쎄, 그 녀석을 혼자 집에 버려두고 밤에 몰래 도망갔다는 것이다. 그 녀석은 울며 나에게 남들은 개 팔자여서 좋겠다고 했지만 이렇게 긴 시간 가족으로 키우다가도 필요 없으면 버림받는 자기 신세가 바로 개 팔자라며 너무 서럽고 막막하다고 했다.

이런 주변 친구의 아픈 사연을 듣기 때문에, 난 더욱 노력해야 한다. 그래서, 한 날은 비바가 또 어김없이 소파를 발톱으로 할퀴고 뜯는 것을 목격한 순간, 한 치의 주저함도 없이 냉큼 달려가 고래고래 고함지르며 비바에게 사납게 짖었다. 아빠한테 칭찬받고 싶어서이다. 나도 그저 집에서 밥만 축내는 식충이가 아니라 비바 가디언으로서 책임을 다하고 있음을 아빠한테 보여주고 싶었다. 다행히 아빠가 그 소파에 앉아 있었기 때문에 나의 교육자로서의 면모를 아빠한테 자랑할 절호의 찬스라고 생각했다. 하지만, 나의 기대와는 달리 아빠는 오히려 나에게 화를 내며 불쌍한 비바라며 비바한테 애정을 표현하기 시작했다.

"빌리! 너 도대체 몇 살인데 아직도 동생 괴롭히는 거야! 동생을 왜 못 잡아먹어 안달이지? 아빠가 동생 비바랑 잘 지내라고 했어? 안 했어? 아빠 넘 속상하다. 아빠는 가족 화목을 가장 중시

하는데 우리 빌리가 이렇게 동생을 괴롭히면 아빠 너무 실망이야!"

오히려 나의 선의를 오해하고 동생을 괴롭히는 아예 무개념으로 생각하는 것 같아 너무나 서럽고 억울해 나도 몰래 슬픈 눈망울을 하며 하염없이 아빠만 바라봤다.

'아빠! 아빠는 그렇게 동생이 이뻐요? 아빠 눈에는 아빠의 첫사랑인 저가 보이지도 않나요?'

하지만, 아빠는 내가 하는 말을 이해하지 못한 채 그저 불쌍하다며 비바만 감싸 안는다. 너무나 슬프다. 그런 나를 물끄러미 바라보는 비바가 한없이 미워지기 시작한다. 난 그저 버릇없이 자라는 비바의 가정교육을 형으로서 아빠 대신 한 건에 아빠는 내가 비바를 괴롭힌 줄 안다. 너무나 억울하다.

시무룩해서 난 그냥 아빠 곁을 조용히 떠나 현관 입구 쪽 내가 별채로 이용하는 침대로 돌아와 고개를 웅크린 채 그냥 그렇게 한참 슬퍼하며 상념에 빠졌다. 아빠는 이런 내 마음도 모른 채 그저 텔레비전에만 응시한 채 한참의 시간이 흘렀다. 어디선가 아빠가 날 부르는 소리가 들린다.

"빌리! 빌리! 우리 빌리 어디 있어?"

절대 아빠한테 달려가지 않을 거라고 수십 번 다짐한다. 내가 자리를 떠서 아빠한테 달려가면 아빠는 절대 내 마음을 몰라줄 것이다. 아빠가 나한테 다가와 화낸 것 사과하기 전까지는 절대 아빠한테 가지 않을 것이다. 내가 눈앞에 보이지 않자 그제야 내가 있는 현관문까지 찾아와 나를 안으며 아빠는 사과하기 시작한다.

"우리 빌리! 아빠가 빌리한테 화내서 속상해? 빌리야! 아빠가 왜 빌리 마음을 모르겠어. 우리 빌리는 집안 가구 비바가 다 엉망으로 만드는 것 못하게 하려고 그런 거지? 그런데, 빌리야! 너무 심하게 굴지 말고 되도록 살살 해! 알았지? 아직 비바가 어린 아기라 잘 몰라서 그러니까 우리 빌리가 조금만 더 친절하게 대해주면 비바도 형의 마음을 이해할 거야!"

울지 않으려고 했는데, 아빠가 나를 안고 다정한 눈망울로 위로하는데 화났던 마음이 그새 풀리면서 다시 아빠 바라기가 된다. 아빠는 신기하게도 나의 마음을 다시 평화롭고, 안정되게 만드는 마법을 가진 것 같다. 달리 아빠가 교육학 박사가 아닌 것 같다. 아빠는 내 마음을 다 알고 있는 것 같다. 그래서 난 아빠를 미워할 수밖에 없다.

이렇게 우리 가족으로 새로 들어온 비바와 생활하는 하루하루가 나에게는 힘겹기도 하지만 가족이라면 어쩔 수 없다고 생각한다. 나도 이제 나이를 먹어감에 따라 철이 나서 마냥 예전처럼 떼부리고 투정하며 내가 하고 싶은 대로 할 수는 없다. 그래서, 난 비바는 동물병원 가서 수의사 선생님 만나서 발톱 정리하고 정기적인 체크업을 받으며 주사 맞는 것 싫어하지만 난 아무래도 경험치가 많다 보니 아빠가 비바를 위한 음악을 들려주며 유모차에 비바랑 나랑 태우고 동물병원 가는 것을 싫어하지 않고 오히려 추억여행이라며 너무나 좋아한다. 나라도 아빠 귀찮게 하지 않고 유모차에 가만히 있어야 아빠 마음이 편함을 너무 잘 알기 때문이다. 비바 녀석은 아직 바깥세상이 무서워 집만 나오면 어디 팔려가는 줄 알고 엉엉 울지만, 나는 병원에 가서 검진받으며 내 건강을 챙겨주는 아빠 마음을 알기에 유모차에 몸을 싣고 비좁긴 하지만 그 좁은 공간에 비바랑 눈을 마주치며 병원으로 향하는 그 길이 가장 행복하게 느껴진다.

아빠의 통화 얘기를 들어보니 다음 주엔 아빠가 비바랑 빌리랑, 한동안 병원 다니면서 항암치료를 하느라 장거리 여행을 못 한 엄마, 그리고 늘 사랑으로 날 돌봐주는 할머니랑 양양으로 여행을 간다고 했다. 사실 나는 바다 수영을 그렇게 좋아하지 않아서 아빠가 날 바다로만 데리고 가지 않으면 어릴 때부터 시원한 차창으로 몰아치는 바람 냄새를 맡으며 여행하는 것을 너무나 좋아하기에 아무리 장거리 여행이라고 해도 난 늘 즐거운 마음으로 떠난다. 그런데, 비바 이 녀석은 아직 세상살이에 익숙해져 있지 않아 병원 가는 것은 물론 멀리 양양 바다 여행에 대해서는 조금 두려워하는 것 같다.

"비바! 형 말 잘 들어! 장거리 여행 그렇게 어렵지 않으니 두려워하지 마! 마당 있는 집에서 나비도 잡고 벌도 잡고 재밌게 놀 수 있어! 그러니까 2시간 30분 정도만 잘 참고 견디면 돼! 오줌이랑 응아 마려우면 아빠가 해결해주실 거야! 차에 이동식 화장실도 있으니 걱정하지 않아도 돼! 알았지?"

"네. 빌리 형! 감사합니다. 형 말대로 잘 참고 견뎌볼게요!"

가족으로 지내며 처음엔 경계의 대상으로 생각한 어린 동생 비바에 대해 이제 내 마음도 조금씩 풀리는 것 같다. 다행히 내가 처음 생각한 것보다는 비바는 내 말을 잘 듣는 것 같고 마냥 눈치 없는 녀석인 줄 알았는데 그래도 적당히 눈치도 봐가면서 요령껏 세상을 잘 헤쳐나가는 것 같다. 그리고, 내가 얼마나 아빠를 좋아하는지 알기 때문에 엄마나 할머니한테는 잘 달려가 애교를 부리지만, 아빠한테는 조심스럽게 애정을 표현하곤 한다. 녀석의 주특기는 아빠 발에 얼굴을 비비면서 꼬리를 휘감는 게 필살기인데, 내가 아빠랑 함께 있을 때는 절대로 그런 끼를 부리지 않고 내가 잠시 자리를 비우면 그제야 애정을 표현하곤 한다. 그만큼 인생살이에 대해 어느 정도 처세술을 깨친 것 같다. 그 짧은 시간 안에 그 많은 것을 배우다니 정말 영리한 녀석임은 틀림없다.

가끔 할머니는 내 머리를 쓰다듬으며 사람으로 태어나지 않음에 너무나 슬픔을 표현하곤 한다.

"우리 빌리 네가 사람으로 태어났다면 아빠한테 더 많은 사랑을 받을 텐데.. 어쩌다가 강아지로 태어났을까?"

하지만, 난 현재 모습에 만족한다. 내가 사람으로 태어났더라면 겪었을 많은 경험이 두렵기도 하다. 아빠는 분명 나한테 이것저것 많은 공부를 시키면서 날 엘리트로 키우려고 했을 것이다. 그나마 내가 강아지이기 때문에 그냥 이렇게 살도록 뒀을 것 같다는 생각이 든다. 물론 나도 사람으로 태어났다면 좀 더 오래 아빠 곁에서 아빠랑 함께 추억을 만들 것이다. 나도 내가 얼마나 살 수 있는지 너무나 잘 안다. 사실 나한테 주어진 시간은 그렇게 길지 않다. 그래서, 아빠가 친구랑 통화하는 얘기를 엿들으면 늘 그것 때문에 힘들어한다.

'아빠, 너무 슬퍼하지 말아요! 비록 우리한테 1년이 사람으로 따지면 6년이라는 시간이라 너무나 빨리 흘러가는 시간이 때로는 속상하기도 해요. 하지만, 난 지금 이 순간 아빠랑 함께 하는 하

루하루가 너무나 즐겁고 행복해요!'

아빠한테 늘 마음으로 이런 얘기를 전하고 싶은데, 내 마음이 얼마나 전달될지 모르지만 그래도 난 늘 애정어린 눈빛으로 아빠한테 시그널을 보낸다.

'아빠! 양양에 동생 비바랑, 아빠, 엄마, 할머니 모두 가서 멋지게 놀다 와요! 아빠가 새로 사준 유모차도 동생 비바랑 같이 사이좋게 타면서 재밌게 놀면서 아름다운 추억 만들어가요!'

난 오늘도 아빠 바라기로 아빠만 바라보며, 아빠랑 양양 가서 멋지게 놀 생각에 행복한 잠을 청해본다.

〈2편〉

행복 샘터

1. 인생은 뜻하지 않은 여행!!

분당서울대병원에서 뇌를 비롯한 동경맥 등 검사를 받은 지 딱 1주일 만에 신경외과 교수님을 만나 자세한 설명 듣게 되었다. 언제 예약했는지 기억도 제대로 나지 않아 무슨 검사인지도 긴가민가한데 날짜가 다가와 병원을 찾았고 그렇게 검사는 이루어졌다. 그리고 시간이 흘러 결과가 나온 모양이다. 사실 자세한 설명이라고 하기엔 너무나 짧은 경고성의 한마디가 그렇지 않아도 주눅 든 나에게 비수처럼 다가왔다. 현재 상황을 요약하면 지난번 검사를 받았던 몇 년 전보다 악화하지는 않았지만 그래도 혈관 등이 나이에 비해 좋지 않으니 무조건 20킬로 감량하라는 청천벽력같은 선고를 내렸다. 이렇게 심각할 줄 몰랐고 살을 빼는 것에 소심했던 나에게 너무나 큰 압박으로 다가왔다. 하루가 멀다고 병원에 출근 도장 찍는 나로서는 이러한 일상적인 병원 방문을 최대한 줄여야 하는데 아직 22년이 다 가기 전 25년 10월 다시 MRI 찍어보자고 예약을 권하는 의사 선생님을 뒤로하고 병원을 빠져나오면서 참으로 많은 회한의 생각이 엄습해왔다. 진짜로 잡다한 참으로 많은 생각이 순간순간 뇌리를 스치며 볼에 와닿는 바람이 그렇게 야속하게 느껴질 수 없었다. 작심삼일이라고 하루만 지나면 다시 다이어트에 대해 망각을 하는 나 자신이 참으로 한심하게 느껴지며 좀 더 신중하게 식습관을 바꾸고 운동에 매진했어야 하는 데라는 후회가 다시 고개를 들기 시작했다. 그러면서 바둥바둥 살 필요가 없는데 우린 정말 너무나 힘겹게 살고 있음을 깨닫게 되었다. 생활이라는 핑계로 어쩌면 자신을 혹사하면서 건강은 늘 뒷전이 되어버리고 말았다.

그런데, 최근 아파트 동생을 만나면서 다른 그 무엇보다 건강이 중요함을 알게 되었다. 춘백과 찬민이는 정말 건강에 진심이다. 무엇보다 내 건강을 위해 기꺼이 건강도우미를 자청하는 이 두 친구에게 정말 깊은 감사를 드린다. 등산에 필요한 모든 만반의 준비를 하고 친히 등산데이트를 신청한 춘백이 오늘은 전기자전거를 한번 타보라며 본인의 자전거를 직접 세팅해서 장갑이랑 헬멧까지 준비해준다. 그러면서 둘이 신나게 탄천을 달렸다. 뒤늦게 찬민이 역시 자전거를 쌩쌩 달리며 이렇게 세 명이 함께 10월의 깊은 밤을 함께 보내며 추억을 쌓았다. 전기자전거가 좋은 줄은 알았지만, 이 정도로 좋은 줄을 전혀 몰랐다. 처음에는 5단을 놓고 달리다가 3단 그리고 1단 번갈아 가면서 속도를 조절했고 그 좁은 자전거전용도로에 마치 수많은 밤 공연을 즐기듯 일사불란하게 그러면서도 매너를 지켜가며 밤길을 여행하고 있는 모습을 바라보며 우리나라가 이렇게 살기 좋은 곳임을 다시 한번 알게 되었다. 걸으면서 느끼지 못한 밤공기의 낭만을 하나하나 느끼면서 또한 춘백이 뒤따라 오면서 건네는 정감 어린 표현들이 가슴 깊이 파고드는 느낌이었다. 처음 춘백을 봤을 때는 이 정도의 친밀감으로 함께 시간을 보낼 거라고는 생각을 못 했는데 정말 보면 볼수록 진국이라는 생각이 든다. 처음 만났을 때 친함을 과시하며 겉으로 뭐든 줄 것처럼 다가오는 친구들에 비해 춘백은 정말 담백하고 진솔하게 다가온 친구이기에 더더욱 느낌이 남다르다는 생각이 든다. 뒤이어 어디선가 정말 날아온 듯 자전거를 자유자재로 다루는 찬민이 역시 몸 형태가 드러나는 팬츠를 입고 우월한 기럭지를 자랑하며 화려한 자전거에 몸을 싣고 밤공기를 멋지게 가르며 심지어 내가 자전거 타는 모습까지 촬영하는 여유와 배려까지 보인다. 정말 감사할 뿐이다.

단지 자전거만 타고 끝났을 우리들의 일정은 뜻하지 않게 언젠가 한 번 얘기했던 닭갈비투어를 함께 하며 그 목적지까지 함께 걸어가기로 했다. 사실 오전부터 어찌나 걸었는지 그리고 전기자전거를 얼마나 타며 신나게 즐겼는지 이미 내 다리는 남의 다리가 된 듯 무감각했지만 그래도 함께 하자는 의미로 다시 발걸음을 재촉하며 밤공기를 같이 마시며 도란도란 이야기꽃을 피우는 가운데 목적지에 도달했다. 내가 예상한 닭갈비는 아니지만 그리고 다이어트를 하는 처지에 닭갈비는 헤비하긴 했지만 이런 시간이 아니면 또 언제 함께 추억을 쌓을 수 있을지 모르는 상황이라 함께 하는 것만으로도 너무나 잊지 못할 여행이라고 생각했다. 닭갈비에 소맥을 사이에 두고 주인 사장님이 정성스레 구워준 닭갈비에 소맥을 한잔하면서 이런저런 지나간 추억을 얘기했다. 주제는 정말 다양했다. 그냥 일상적인 살아가는 이야기에서 최근에 모임을 같이 한 친구들 이야기, 직장 이야기, 피부 캐어 이야기, 교육 이야기, 건강 이야기 등 해도 해도 끝없는 이야기 속에 2022년의 10월의 막바지가 이렇게 아름답게 수놓아짐을 깨닫게 되었다. 사실 우리가 처음 만났을 때만 해도 이 정도의 친밀감은 상상도 못 했는데 역시 만난 횟수가 깊어지고 서로에 대해 조금씩 알아가면서 상대에 대한 이해도도 높아지는 것 같다. 나이 들어 만났기에 때로는 더 조심스럽고 이런저런 많은 생각이 들 수 있지만, 그래도 40대 동생들과 만남이 20대 제자나 새로운 사람과의 만남에 비해 색다른 안정감이나 서로 공유되는 부분이 많아서 너무나 좋았다. 무엇보다 배려하는 마음과 이제는 인생을 어느 정도 살아서 느끼는 공유된 부분을 허심탄회하게 얘기할 수 있음에 감사드렸다. 운동에 찐 진심인 찬민이는 우스갯소리로 부업이든 아니면 정년퇴임하면 운동과 관련된 유튜버를 하면 진짜 잘할 것 같다는 생각이 들었다. 헤어스타일과 관련해서도 고등학교 시절을 언급하면서 당시 체육 시간에 두발 지적을 받으면 공립고등학교임에도 교내에 있는 사설 바버샵에서 머리를 잘랐던 기억을 회상하며 도대체 어떤 관계가 존재했기에 공립학교에 이런 이발소가 존재했는지 그러면서 3분이면 머리를 잘랐던 당시를 회상하며 내가 이야기한 분당 이가자 미용실의 3시간에 걸친 헤어컷과 그에 따른 끝없는 헤어디자이너와의 네버엔딩 이야기 등등 정말 사소하고도 일상적인 그러면서 과거까지 회상하는 수많은 이야기가 이어졌다. 특히 깜빡하는 증세와 관련하여 춘백이 들려준 이야기는 요즘 현대인들은 누구나 다 본인이 일하다가 다른 생각을 하기가 쉽지 않은 상황에서 갑자기 냉장고 문을 열다가도 왜 열었는지 기억나지 않으며, 엘리베이터를 타다가도 내가 몇 층을 가는지도 기억나지 않는 경우가 허다하기에 결론은 나만 그러한 것이 아니므로 너무 심각하게 우울할 필요는 없다는 것이다. 그 말을 들으니 조금은 위로가 되기도 했다.

또한, 함께 한 이태원 클럽의 추억을 회상하며 찬민이는 나이 들어 클럽에 가는 것이 쑥스러웠는데 같이 가보니 왜 내가 클럽에서 젊음을 찾는지 이해 간다는 말을 해주며 올해 함께 했던 추억 중 이태원에서의 아름다운 밤 추억도 너무나 좋았다고 전했다. 그러면서 조금이라도 젊어지기 위해 외모에 신경 쓰는 나 자신도 그리고 젊음에 대한 영감을 얻기 위해 노력하는 내 모습도 어쩌면 나의 일부라며 앞으로도 더더욱 멋지게 살아달라는 당부 아닌 격려의 말에 다시 한번 나의 삶과 외모 등에 대해 반추하는 계기가 되었다. 화려한 금붙이가 아닌 정말 아무것도 걸치지 않고 가볍게 외출한 여행이 마치 과거로 되돌아가 추억여행을 하는 것과 오버랩되면서 많은 생각이 들었다. 화려한 번화가의 네온사인 불빛이 너무나 낯설게 느껴지지만, 또한 정겹게 느껴지는 것은 과거에 이런 골목을 다녔던 기억이 있기 때문일 것이다.

닭갈비의 아름다운 추억을 뒤로 한 채, 찬민이가 추천하는 다음 맛집인 전집을 찾았다. 어쩌면 이렇게 골목골목을 찬민이는 잘 알고 있는지 너무나 신기할 정도였다. 건강에 찐 진심인 찬민이도 한 때는 허리디스크로 마음고생, 몸 고생하면서 정말 자기를 이겨내고 지금의 건강 신으로 등극하기까지 얼마나 많은 고심과 노력을 했는지 이야기를 듣는 내내 인간 찬민이를 더 이해하게 되었다. 춘백이 들려주는 부부관계의 해법과 자녀교육에 관한 이야기 역시 참으로 시사하는 바가 컸다. 가족과 함께 사다리줄타기를 통해 여행목적지를 정하는 것부터 시작해서 웬만한 일에는 절대로 화내지 않고 그냥 묵묵히 들어주는 일, 그리고 서로를 이해하기 위해 노력하는 모습에서 40대 가정의 진정한 가정경영법도 알게 되었다.

어쩌면 이론 박사로 살아가는 나에 비해 너무나 진솔하게 현장에서 열심히 살아가는 이 두 친구를 바라보면서 정말 인생에서 소중한 경험이라는 생각이 들었다. 누군가를 배려하고 아끼는 모습에서 상대에 대한 진실도 느끼게 되었다. 최근 피부관리를 통해 다시 한번 멋지게 태어나는 춘백을 보면서 노력하면 안 되는 일이 없음도 깨닫게 되었다.

전집의 화려한 요리는 오감을 만족시키기에 충분했다. 늦은 시간임에도 왜 그렇게 많은 사람이 이곳을 찾는지 그 이유를 알 수 있었다. 비싸지 않은 안주에 다양한 종류의 막걸리가 서민들의 가벼운 주머니 사정을 너무나 잘 이해했기 때문이다. 순식간에 나온 산더미 같은 안주를 바라보며 탄식이 절로 나왔고 처인성 막걸리의 뽀얀 색깔이 마치 우윳빛을 닮은 듯 고운 자태를 자랑해서 얼른 입으로 가져가 그 달콤함을 만끽할 수밖에 없었다. 몇 잔 마시지도 않았는데 어찌나 기분에 취하던지 이런저런 이야기를 나도 모르게 목이 터지라 같이 대화의 불꽃을 피웠던 것 같다.

어느새 자정이 훌쩍 지나고, 우린 못다 한 이야기를 다시 꽃피우며 밤길을 함께 했다. 인생에서 추억을 함께 하지 않은 사람은 훗날 할 이야기가 없어서 만남도 감흥이 없다는 말에 적극적으로 동감한다. 뜻하지 않은 여행이라 더 새롭고 감회가 깊었고 비록 먼 거리를 함께 하지 않아도 가까운 곳에서 언제든 마음만 먹으면 만날 수 있는 이런 이웃사촌들이 있음에 너무나 감사를 드린다. 그냥 가볍게 생각한 이사, 그리고 단지 짧게 머물 거로 생각했던 곳에 이렇게 마음을 붙이고 오랜 시간 살고 싶다는 생각이 드는 이유는 이렇게 정 많고 사랑스러운 동생들이 있기 때문이다. 칼릴 지브란의 보여줄 수 있는 사랑은 언제나 너무 작다고 했는데 나 역시도 내가 생각하는 것보다는 너무나 보여주는 사랑이 작다는 사실에 늘 아쉬울 뿐이다. 카톡으로 연신 날아드는 제자들의 결혼 소식과 청첩장, 그리고 늦은 밤 퇴근도 못 하고 일을 한다며 투덜거리는 역시 또 다른 변호사 제자의 푸념, 외대부고에 진학하고자 하는 데 도움을 줄 수 있냐는 친한 변호사 형님의 부탁, 반포동 재개발을 기대하고 희망하는 사람들의 간절한 염원이 담긴 끊임없는 카톡 등 그러고 보니 나도 이런저런 인맥과 학연에 많이 엮여 있고 어느 순간 그 중심에 내가 있음을 발견하게 된다. 이제는 이러한 역할을 관둘 나이도 되었지만 달리 후배들이 나서주지 않는 상황에서 내가 리더의 역할을 하지 않으면 모임이 회합 되지 않는 경우가 많아서 어쩔 수 없이 다양한 역할을 하고 있는데 오늘처럼 누군가를 배려하는 처지에서 이제는 배려를 받는 처지가 되고 보니 정말 그 마음이 고맙고 더 사랑스러울 수밖에 없다. 이런 따뜻한 면이 이 친구들에게 있으니 모두 좋아하는구나! 그런 생각이 문득 들었다.

평소 내가 즐겨듣던 노래가 생각났다. 사실 음악은 나에게 힐링 그 이상의 의미를 담고 있다. 가끔 이런저런 일 하면서 가끔은 나만의 사색의 시간을 갖게 되는데 사고를 정리하면서 늘 함께 듣는 사이먼 앤드 가펑클의 험한 세상의 다리가 되어는 늘 나에게 새로운 영감과 더불어 장래 내 삶에 새로운 이정표를 제시한다. 과연 내가 나에게 얼마나 주어졌을지 모르는 나의 길을 제대로 갈 수 있을지 그리고 가기 위해서는 우선 삶에 대한 확고한 의지가 필요한데 과연 나는 어느 정도의 목표의식을 갖고 얼마나 제대로 노력하는지 늘 고심하게 된다. 내가 꿈꾸는 세상은 정말 모든 사람이 행복하면 좋겠다고 느끼는 그러한 곳인데 세상은 늘 전쟁과 기아, 가난과 헐벗음이 난무하고 무엇보다 질병으로 고통받는 많은 장면이 연출되는 가운데 과연 나는 이들을 위해 무엇을 할 수 있을지 고민하게 된다. 그렇게 어려움을 겪는 사람들을 위해 내가 할 수 있는 작은 일들을 하나하나 고민하면서 어쩌면 지금은 나 역시도 낯선 곳에서 외로움과 힘듦으로 애써 싸우며 앞을 향해 달려가고는 있지만 때로는 힘에 겨워 지칠 때 험한 세상의 다리가 되어 이 노래는 많은 용기와 격려를 해주기에 나에게는 더더욱 의미가 있다고 생각한다.

가장 중요한 한 가지!! 누구나 사람은 자기가 태어난 곳이 아닌 곳에서 때로는 이방인처럼 그렇게 살아가지만, 달과 육 펜스에 나오는 것처럼 늘 미지의 세계에 대해 그리워하고 탐구하고 갈망하는 그 무언가가 있고 때로는 이를 향해 여행하게 되는데 그러한 여행에 종착지라고 느껴지는 어느 한 곳에 자리를 잡고 마치 내 고향인 양 살아가게 된다는 말을 나이가 든 이 시점에서 생각해보면 단순히 지리적 형국이 주는 편안함도 있겠지만 그 가운데는 확실히 인간관계로 엮인 아름답고 따뜻한 서로에 대한 배려심과 사랑이라고 생각한다. 낯선 이들이 만나 도란도란 살아가게 되는 모습은 나의 업으로서 일하는 직장에서 갖는 동료애와는 차원이 다른 친밀함으로 다가온다. 어르신들이 예전에 하신 이웃사촌의 의미를 나이가 조금씩 들어가는 이 시점에서 깨닫는 것은 너무나 감사한 일이다. 늘 삶의 영감을 주는 이 친구들에게 감사를 드린다. 그리고 나이와 상관없이 늘 편하게 다가와 주는 이들이 감사하다. 사실 나는 나랑 이렇게 차이나는 분들께 선뜻 편하게 못 다가가거나 가더라도 과연 이 정도로 마음을 열고 진실하게 대할 수 있느냐고 묻는다면 약간은 고개를 갸우뚱거릴 만도 한데 아직도 젊고 신선한 느낌으로 늘 새롭게 살아가는 이 친구들에게 더 많은 것을 배우고 느끼고 깨닫게 된다.

앞으로 우리네 삶은 흘러가는 방향은 아무도 모른다. 다만 하루하루 주어진 삶에 최선을 다하고 바쁘다고 늘 핑계를 늘어놓으며 만남에 인색한 우리네 삶에 그래도 약간은 여유를 주며 함께 할 수 있는 추억을 같이할 수 있다면 하루하루가 더 행복하지 않을까 생각해본다. 아직도 코끝에 탄천의 밤공기가 주는 약간은 차갑지만 시원한 청량감이 살포시 내려앉아 함께 한 추억을 상기시켜 준다.

2. 가수 방실이 님! 다시 일어나세요!

스타 다큐멘터리 마이웨이 추석특집 방실이 편을 시청했다. 잠시만 보고 그만둬야지 싶었는데 보다 보니 애잔한 사연에 흠뻑 빠져 눈물을 흘리고 있는 나를 발견하게 되었다. 서울탱고로 알려진 방실이 님의 요양원 생활이 그려졌는데 인생무상이라는 생각이 많이 들었다. 한때는 방송계를 주름잡으며 대중의 인기와 사랑은 물론 막강한 팬덤과 엄청난 재력을 가졌을 대스타가 이제는 너무나 나약한 모습으로 방송에 그려지는 모습은 보는 내내 마음이 애잔하다 못해 가슴이 찢기는 고통마저 들었다.

그런데도 이 프로가 추구하는 취지를 조금 이해하게 되었다. 명절이 꼭 제사상을 차리는 게 아니라 한동안 잊힌 누군가를 만나서 그리움을 달래는 순간이 아닌가 그런 생각이 들었다. 평소 너무나 인간관계가 좋았던 방실이 님에게 특별손님이 찾아 왔다. 배우이자 가수인 이동준님과 그분의 아들 일민군! 그리고 예전에 한마음으로 활동했다가 이제는 솔로로 활동하는 양하영님의 깜짝 방문!! 무엇보다 이동준님과 방실이 님의 우정이 너무나 돈독해 의미 있었다. 세월이 흘렀지만, 16년간 병원 생활을 하는 방실이

님을 위해 자선 공원까지 행사하면서 금전적 후원을 아끼지 않는 이동준님께 깊은 감동하였다. 게다가 어릴 때 꼬맹이였던 일민군이 자라서 성인이 되어 어릴 때 큰 산으로 느낀 방실이 고모를 찾아온 모습도 보기 좋았다. 일민군이 결혼한 모습에 방실이님은 마치 16년을 잃어버린 듯한 아픔에 한없는 눈물을 흘렸다.

그리고, 또 다른 방문객 양하영님! 소극적인 성격에 타인과 잘 어울리지 못한 양하영님께 먼저 손 내밀고 따뜻함을 보인 방실이님에게 든든한 버팀목이 되어 특별자선공연까지 개최한 양하님의 아름다운 마음에 감동하였다. 그녀가 부르는 노래가 어쩌면 그렇게 애절한지 듣는 내내 눈물이 핑 돌았다.

살면서 너무나 많은 욕심을 내면서 살아간다. 그런데 막상 건강을 잃으면 이 모든 것이 아무 소용이 없는데 바쁜 일상에 찌들어 살다 보면 건강을 잃기 쉽다. 방실이 님 역시 뇌경색으로 쓰러져 휠체어를 타면서 요양원에서 장애인으로 생활할 줄은 몰랐을 것이다. 개인적으로는 하루빨리 쾌차하셔서 예전의 발랄하게 노래하시던 모습을 얼른 뵙고 싶다. 모든 분의 간절한 바람일 것이다.

명절이면 참 많은 생각이 든다. 연일 방송에서 보도되는 기사를 보면 명절증후군부터 시작해서 시댁과의 갈등으로 인한 이혼 이야기, 오랜만에 만난 형제끼리의 갈등으로 인해 뜻하지 않은 불상

사 등등 아름다운 미담보다는 늘 뉴스는 부정적이고 가슴 아픈 이야기들로 가득하다. 언제부터 이렇게 명절이 즐거운 화합의 장이 아닌 가슴 아프고 서로를 헐뜯는 장이 되었는지 너무나 속상하다. 뉴스에서 이제는 좀 더 밝고 훈훈한 이야기를 보고 싶다. 그런데도 이런 뉴스를 통해 우리 사회의 그림자 어린 모습을 보다 냉철하고 적나라하게 보여줌으로써 좀 더 나은 사회를 만들기 위한 간절한 바람일 것이다.

돌이켜보면 인생은 참 짧다. 어제 정말 오랜만에 명절이랍시고 반가운 마음으로 우연히 대학교 동창이랑 전화 통화를 하게 되었는데 30년이 넘는 세월도 돌이켜보니 한 움큼의 재처럼 손쉽게 잡히는 구름과도 같다는 이야기를 서로 나누며 한참을 웃은 기억이 난다. 그만큼 하루는 고되고 힘들고 긴 것 같지만 또 기나긴 시간의 스펙트럼 선상에서 보면 아주 짧은 일장춘몽에 지나지 않는 것을 왜 우리는 그토록 손에 잡지 못해 아등바등하면서 사는지 우선 나 자신부터 돌이켜보게 된다. 음력 8월의 보름달이 둥실 떠오르는 이유는 파란만장한 온갖 우리네 삶을 환한 달빛처럼 더욱 밝고 긍정적으로 돌이켜보며 살라는 깊은 의미가 아닌가 생각한다. 우리네 선조님들이 왜 환한 달을 보며 소원을 빌었는지 충분히 이해 가는 나이가 된 것을 조금 슬프지만 그런데도 인생살이의 이치를 조금이나마 깨닫게 됨에 너무나 감사를 드린다.

한동안 내 기억에 잊힌 사람에게 오늘은 조용히 카톡도 보내고 전화도 하며 문자를 보내야겠다. 서로 살아있음에 그리고 이 역동의 시대에 슬픈 소식도 기쁜 소식도 인터넷 매체를 통해 정보를 공유하며 함께 숨 쉴 수 있음에 깊은 감사를 드린다. 아침부터 눈물도 흘리고 이런저런 사색의 시간을 가지며 나를 돌이켜볼 수 있는 이 나름의 망중한에 다시 한번 감사의 기도를 드리며 오늘 하루도 보다 의미 있는 시간을 보내고자 나 자신을 추스려본다.

3. 전기자전거타고 지구 한 바퀴

낯섦에 대한 두려움은 누구나 있다. 나 역시도 전기자전거에 대해 약간의 두려움을 갖고 있었고 과연 내가 전기자전거를 잘 탈 수 있을지 많은 생각이 들었다. 주변에서 골프니 전기자전거니 이야기를 해도 사실 나는 경험치가 없기에 그저 눈만 깜빡일 뿐이다. 그러던 중, 춘백이 자기한테 전기자전거가 있으니 한 번 타보는 것은 어떤지 권유했다. 충분히 충전해서 준비하겠다고 했고 평소 춘백의 꼼꼼한 성격을 너무나 잘 알기에 감사한 마음으로 춘백의 제안을 받아들이기로 했다. 춘백은 헬맷을 비롯하여 장갑과 음료수 등 모든 것을 완벽하게 갖추어 전기자전거를 준비했고, 본인은 그냥 산악용 자전거를 같이 탈 테니 탄천을 신나게 달리자고 제안했다.

날씨가 생각보다 쌀쌀해서 약간의 주저함도 있었지만, 너무나 정성스럽게 준비한 춘백의 따뜻한 마음에 감동하여 바퀴를 밟으며 우선은 3단에 속도계를 맞추고 그렇게 자전거 여행을 시작했다. 볼에 부딪히는 탄천의 바람이 왠지 쌀쌀하게 느껴졌다. 늘 걷던 이 길이지만, 전기자전거로 속력을 내며 달리는 탄천은 낯선 느낌과 함께 전혀 색다른 감흥을 전해주며 마음속 깊이 새로운 바람을 불어넣었다. 솔직히 얘기하면, 발은 꽁꽁 어는 듯한 느낌이었고 머리는 시원함을 넘어 얼어 터지는 강추위가 느껴졌고 비록 장갑은 꼈지만, 손가락에 끝에 와닿는 찬바람은 살을 에는 듯한 느낌이 들었다. 다소 과장된 부분도 있지만, 만일 춘백이 필요한 장비를 준비해주지 않았다면 아마 얼어 죽었을지도 모른다는 두려움이 살짝 엄습했다.

이런 나의 기우는 잠시 후 간곳없이 사라지고 바퀴를 밟으면 예전과는 전혀 다른 행복한 엔도르핀이 발끝에 전해졌다. 너무나 쌩쌩 잘 달렸고 그러면서도 상대 쪽에서 달려오는 자전거와 매너를 지켜가며 각자 주어진 래인에서 부지런히 갈 길을 잘 달려나갔다. 전기자전거든 그냥 일반 자전거이든 서로 밸런스를 맞춰 나아가는 모습이 참으로 정겹게 느껴졌다.

“형님! 자전거 타는 기분 어때요?”

한참을 뒤처져 달려오던 춘백이 어느새 내 뒤에 바짝 붙어 오며 말을 건넸다.

“춘백아! 너무 행복하고 좋아! 진짜로 이렇게 좋은 줄 상상도 못 했어!”

이렇게 둘이 신나게 자전거를 타는데 어디선가 찬민이가 쏜살

같이 자전거를 타고 오며 사진을 찍어줬다.

왜 함께 운동하는지 그 이유를 이제야 조금이나마 알게 되었다. 늘 이렇게 함께 이야기를 나누고 같이 소소한 행복을 나누는 가운데 친밀함이 더해가는 느낌이었다.

"형님! 어디까지 가시려고요? 이번엔 그냥 분당서울대병원까지만 가시고, 다음에 한강 한 번 가시죠!"

정말 춘백은 다음번 전기자전거 여행에 기필코 한강까지 가서 사발면을 같이 먹을 기세였다. 한다면 하는 성격임을 너무나 잘 알기에, 선불리 대답하기 어려웠지만, 오늘 달린 것을 고려하면 다음에는 한강 투어도 가능하지 않을까 그런 생각이 들었다.

누구나 처음 어떤 일을 해볼 때 두려운 마음은 있다. 과연 내가 잘할 수 있을까? 라는 생각부터 하는 과정에서 어려움은 없을지 많은 생각을 하게 된다. 나 역시도 일반 자전거는 많이 타봤지만, 이렇게 전기자전거를 타는 일정은 처음이라 두려움도 있었는데 그런데도 옆에서 도와주는 친구들 덕분에 무사히 이러한 위기를 극복했다고 생각한다.

전기자전거에 대한 감흥이 가라앉기 전, 이 분위기를 이어가기 위해 찬민이한테 연락 왔다.

"형님! 토요일 오전 정호 형님이랑 같이 자전거 구경하러 광교

가기로 했어요! 같이 가시죠?"

이렇게 찬민이와 정호의 여행이 시작되었다. 토요일 아침, 광교는 활기로 가득했다. 강남권에서는 광교의 치솟는 집값에 말도 안 된다며 코웃음 치지만 내가 보기에 광교는 굳이 강남과 비교 대상이 아닐뿐더러 그들만의 리그로 그냥 광교에서 모든 것을 자급자족할 수 있기에 굳이 강남을 부러워하지는 않는 것 같다. 교육적인 부분이 조금 아쉬울 뿐, 그나마 최근에는 입시에서도 충분히 우위를 점유하고 있으므로 완벽한 광교신도시의 기능을 하는 것 같다. 광교 호수를 위주로 상권과 고급아파트가 형성되어 있고, 대체로 법조인을 비롯하여 삼성맨들 중 상위그룹이 이 일대에 거주하고 있으므로 탄탄한 수요를 자랑하는 것 같다. 얼핏 보면 웬만한 강남과 비교해서 오히려 더 멋스럽고 고급스러운 부촌의 이미지가 강하게 풍겨 이렇게 많은 사람이 이곳을 선호한다는 생각이 든다.

찬민이 추천으로 우선 트랙을 들러보았다. 내가 자전거에 빠져 이렇게 자전거샵을 찾게 될 거라고는 상상도 못 했는데 참 사람 오래 살고 볼 일이다. 찬민이는 자전거에 해박한 지식을 갖고 있다. 본인 스스로 국토 장정을 수행함은 물론 제주도에 가서까지 자전거 일주를 할 정도로 자전거를 사랑하는 매니아이다. 그래서인지 자전거 샵에서도 한 치의 망설임 없이 이것저것 디테일하게 설명해주며 나에게도 시승기회를 마련해주었다. 처음에는 가격이 얼마인지도 모르고 시승했는데, 사실 그전에 춘백이 태워준 자전거와는 뭔가 차원이 다른 느낌이었다. 자전거를 탄다는 느낌보다는 자전거에 몸을 싣고 하늘을 나는 기분이었다. 불과 5분 남짓한 시승에 난 완전 자전거의 매력에 쏙 빠지고 말았다. 나중에 알고 보니 자전거 가격이 무려 1천만 원이 넘는다고 한다. 자전거 가격에 한 번 놀라기도 했고, 자전거에 관해 아직 문외한이기는 하지만, 이 정도의 승차감이면 그 정도도 가능하겠다는 막연한 생각이 들었다.

그다음 들른 곳은 스페셜라이즈이다. 우선 색감과 디자인이 트렌디한 느낌을 줬다. 앞서 트렉이 전통적인 산악용 자전거를 대표하는 선두주자라면 스페셜라이즈는 뭔가 젊은 층을 겨냥한듯한 알록달록한 색감이 마음에 들었다. 시승하기 위해서는 최소 1주일 전에 예약해야 충전할 수 있어서 비록 현장에서 탈 수는 없었지만, 그래도 2천만 원에 가까운 최상의 모델을 직접 영접할 기회를 얻음은 물론 새로운 전기자전거의 세계에 한 발 내디뎠다는 점에서 감사를 드렸다. 나처럼 새로운 신문물에 다가가기 조심스러워하는 캐릭터에는 옆에서 누군가가 이끌어줘야 그제야 이를 받아들이고 생각한다는 점에서 찬민이의 이번 자전거샵 투어가이드는 정말 재미를 넘어 감동 그 자체였다.

점심 식사하기 위해 광교 일대를 돌아다닐 수도 있지만, 기존에 준비해둔 분당 정자동의 나름 맛집 존쿡델리미트에서 식사하기로 했다. 그런데 가는 날이 장날이라고 주말에는 예약 쿠폰을 사용할 수 없고 오로지 현금으로만 가능하다고 했다. 뭐 이런 경우가 다 있나 싶었지만 이미 점심때가 살짝 지난 터라 그냥 이곳에서 식사하기로 했다. 독일식 족발 바이에른 학센과 한우샌드위치를 주문하고 한참을 기다렸다. 다들 건강식에 민감해서 다소 헤비한 요리는 피하고자 했지만 오랜만에 나들이라 평소와는 다른 음식에 기대하고 이런저런 이야기를 하며 주문 요리를 기다렸다. 다행히 정호와 찬민이는 주문한 요리에 급만족을 표했고 정말 맛있게 식사를 하면서 모처럼의 나들이에 다소 상기된 표정이었다. 그냥 보는 것만으로도 행복했다. 누군가가 나로 인해 행복할 수 있다면 그보다 더 기쁜 일이 있을까? 굳이 내가 많은 음식을 먹지 않아도 이 친구들이 즐거워하는 모습에 나도 기분이 좋아졌다.

이 기분을 그대로 이어가는 이벤트가 펼쳐졌다. 원래 전날 찾았어야 하는 한우 육회를 스케줄상 주문한 가게에 오늘 찾기로 했는데, 이 친구들이 먹을 복이 있는지 600g이나 되는 한우를 사이좋게 세 명이 편의점 앞에 나눠 먹게 되었다. 집에서는 당연히 한우육회를 기다리고 있는 걸 알지만, 아마 내 마음에 오랜만의 외출과 식사를 하는 이 친구들에게 좀 더 행복감을 주고 싶어서 그냥 사이좋게 200그램씩 나눠 시원한 탄산수에 육회를 먹으며 이 어처구니없는 상황을 즐겼는지도 모른다. 식사한 지 겨우 30분

남짓 지났는데 그래도 육회가 들어갈 배가 남아있음에 다들 놀라며 그렇게 남자 셋의 데이트는 드디어 끝이 났다.

물론 집에 가니 육회가 어디 갔냐며 묻는데, 난 애써 못 들은 척 싱긋 웃으며 아직 주문한 분량이 도착하지 않았다며 그냥 태연하게 거짓말을 했다. 뒤돌아서는 순간, 웃음이 나왔지만 겨우 참으며 방 안으로 들어가는데 왠지 가족에게 미안한 마음도 들었지만, 남자 셋이 함께 오전과 오후 내내 자전거를 매개로 데이트하며 오랜만의 브로맨스와 추억을 쌓음에 난 감사를 드렸다.

나한테 만일 1천만 원의 거금이 생긴다면 무엇을 할까? 상상만 해도 즐겁다. 난 당장 전기자전거를 사러 갈 것이다. 이제 나에게 새로운 인생의 기쁨이 생긴 것 같다. 전기자전거를 타며 한강을 시원하게 드라이브하며 나의 청춘을 다시 한번 불러들이고 싶다.

4. 달려라 하니! 이 세상 끝까지!

춘백을 처음 봤을 때는 그다지 많은 대화를 나누지 않았기에 과연 춘백이랑 어느 정도까지 친해질지 감이 잘 오지 않았다. 게다가 말수가 그렇게 많지 않은 춘백에게서 어떤 공통분모를 찾아 이야기를 나눌지 막막하기도 했다. 하지만, 춘백은 굉장히 살가운 성격으로 우선 늘 즐겨보는 핸드폰 이모티콘 개발자로 어떻게 하면 이모티콘을 잘 사용할 수 있는지 그리고 어떻게 하면 보다 멋있게 핸드폰 이모티콘을 쓸 수 있는지에 대해 정말 그 누구보다 친절한 선생님으로 잘 가르쳐 주었다. 그리고, 어느 순간 나의 운동코치가 되어 등산을 같이 제안하는가 하면, 달리기, 전기자전거 타기 등을 함께 하며 단둘이 이런저런 이야기를 많이 나누게 되었다. 내가 평소 잘 몰랐던 춘백에 대해 많은 것을 알게 되는 순간이었고, 무엇보다 소박하지만, 보리밥 한 그릇을 통해서도 인연을 만들 줄 아는 인생의 묘미를 아는 친구라는 생각이 들었다. 과하지 않을 정도의 적당한 말과 정감이 느껴지게 소소하게 표현하는 애정은 그 누구라도 춘백한테 인간적인 매력을 느낄 수 있다고 생각한다.

춘백은 카톡 단톡방에 늘 본인이 뛴 달리기에 대해 보고를 하곤 한다. 사실 내가 달리기를 그렇게 즐기는 것이 아니어서 춘백이 달리기 한 것에 대해 처음에는 가슴 깊이 와닿는 바가 없다고 해도 과언이 아니다. 그냥 '달렸구나!' 이런 생각이 들면서 얼마나 오랫동안 얼마나 빨리 달렸는지 전혀 모르는 그런 무지 상태였다.

어느 날, 찬민이랑 달리기하면서 춘백이 얼마나 달리기에 진정 올인을 하고 열정적으로 뛰는지 알게 되었다. 난 고작 2킬로나 3킬로를 뛰었음에도 숨이 차올라 죽을 지경이었는데 춘백은 몇십 킬로를 쉬지 않고 거뜬히 달리는 철인과도 같았다. 나와 비교하여 이미 신의 경지에 오른 듯한 느낌이 들었다. 당연히 찬민이도 달리기에 관한 한, 두 말이 필요 없는 친구이다. 달린다는 표현보다는 날아다닌다는 표현이 옳을 것이다. 나도 이제 이런 친구들의 도움에 힘입어 6킬로는 가볍게 달릴 수 있게 되었다. 이제 10킬로에 도전하여 단축마라톤에 도전하고 싶다.

굳이 달리기에 대해 변명하자면, 나 같은 경우엔, 물론 단기간에 달리기를 익히고 진행하여 어느 정도 무리가 있었을 수도 있지만, 곰곰 생각하면 최근 몇십 년 세월 동안 전혀 달리기하지 않은 상태에서 나 자신과의 사투를 벌이는 달리기를 한다는 사실에 나 자신이 전혀 마음의 준비가 되어있지 않은 것이 가장 큰 원인이라고 생각한다. 무조건 걷기에만 정성을 들여 신경 써서 운동했을 뿐, 달리기는 그저 타인의 공간에서 벌어지는 남의 일이라고만 터부시했기에 이토록 달리기가 힘겹게 느껴졌는지도 모른다.

춘백을 보면서 도전하고픈 용기와 욕망이 생겼다. 어릴 때, 만화영화의 주인공 하니가 '엄마가 보고 싶으면 지구 끝까지 달릴거야!'라고 한 것처럼 나 역시도 다시 예전의 멋진 몸매로 돌아가기 위해 무조건 달려야 한다. 분당 서울대 병원 신경외과 검사를 받은 후, 의사 선생님이 '걷는 것은 아무런 운동이 되지 않으니 무조건 숨이 찰 때까지 달리세요!'라고 조언한 말씀을 토대로 최대한 무릎에 부담이 되지 않는 선에서 달리기로 마음먹었고 그러한 도전은 날이 차가워진 요즘도 줄곧 진행되고 있다.

춘백한테 진지하게 물었다.

"춘백아! 왜 이렇게 계속 장거리를 달리는 거지? 이유가 뭘까?"

그러자 춘백은 배시시 수줍은 듯 미소 띠며 답했다.

"형님, 별 이유는 없습니다. 다만 젊었을 때 달리기 하면서 내 몸매를 유지한 것처럼 세월이 흐른 지금도 그때처럼 도전하고 뛸 수 있음을 느끼고 싶은 겁니다."

춘백의 말에 적극 공감이 갔다. 누구나 젊은 시절로 되돌아가 그때의 몸과 마음을 유지하길 원하지만, 나이가 들어가면서 직장생활 동시에 잦은 회식과 술·담배로 몸은 어느새 망가지기 시작한다. 그럴 때일수록 더더욱 만전을 기해 자신의 몸에 정성을 다해서 그야말로 인생 100수를 누려야 한다. 골골 대면서 명을 연장한들 무슨 의미가 있을까? 건강한 상태에서 오래 사는 것이 무엇보다 중요하다. 이를 위해 춘백은 직장에서 수영도 하면서 또 몸을 단련한다고 한다. 춘백은 이미 최상의 클래스에 속하기 때문에 난 감히 춘백이랑 같이 달릴 수 있는 레벨이 아니다. 그런데도 페이스를 맞춰 같이 걸어주기도 하고 때로는 뛰어주는 춘백한테 상대에 대한 배려의 마음을 읽을 수 있다. 설령 본인이 해야 할 임무를 완수하고 굳이 밤에 더 뛰거나 걷지 않아도 되는데 나를 배려해서 늦은 시간, 다시 운동하는 춘백한테 깊은 감사의 마음을 느끼게 된다.

배려는 이러하다. 내가 조금 힘들고 귀찮고 하기 싫어도 타인을 위해 작은 친절과 정성을 베푸는 것이다. 그것이 진정한 배려라고 생각한다. 현대인들은 너나 할 것 없이 받는데 너무나 익숙하여 타인이 자신한테 베푸는 친절에 때로는 감사함을 모르기도 하고, 왜 타인한테 친절해야 하는지 모를 때가 많다. 그렇지만, 이러한 순간일수록 더더욱 작은 친절과 배려의 마음으로 타인에게 사랑을 베푼다면 그 마음은 더욱 오래 지속할 것이고 인간관계 역시 더 끈끈하게 연결될 것이다. 만나자고 했을 때 거절과 거부의 두려움은 누구나 있다. 그래서 선뜻 상대에게 만나자고 제안하기가 쉽지 않다. 그런데도 먼저 손 내밀기를 통해 마음을 전한다면 충분히 좋은 관계가 될 수 있고 그러한 손 내밀기에 대해 감사의 마음으로 손을 잡는 즉 그러한 만남에 대해 아무리 힘들어도 시간을 내어 함께 할 수 있다면 인간관계는 더더욱 돈독해질 것이다.

세상 사람 모두 바쁘지 안 바쁜 사람 없다. 이래서 못 만나고 저래서 못 만나고 그렇다면 결국 인간관계는 단절될 수밖에 없다. 말 그대로 그냥 톡방에서 안녕이라고 말은 할 수 있지만, 대면에서 서로 터놓고 마음을 주고받는 그런 친한 관계는 될 수 없다고 생각한다.

혹 누군가는 일 년에 한 두 번 만나면 충분하다고 생각하지만, 만남에 정해진 횟수는 없다. 다다익선이 이럴 때 적절하게 쓰이는 표현이라고 생각한다. 만날수록 몰랐던 부분에 대해 알게 되고 때로는 오해한 부분에 대해 서로 이해하게 풀게 되는 계기가 된다.

내가 생각하는 행복은 요즘 들어 그렇게 거창한 게 아니다. 물론 물질적인 풍요도 너무나 중요하겠지만, 사소한 일상의 삶에서 도란도란 살아가는 이야기를 나누며 서로에 대해 때로는 공감대를 형성하며 함께 기쁨도 슬픔도 함께할 수 있는 그런 친밀감이라고 생각한다. 살면서 어떻게 다들 내 맘과 같이 행동할 수 있을까? 열 중에 몇 개만 맞아도 아니, 친하고자 한다면 단 1개라도 공유할 부분을 크게 확대해서 소재 거리로 이야기 나눌 수 있다면 충분히 함께할 이유는 있다고 생각한다.

우리 모두 달려보자! 지구 끝까지! 물론 혼자 달릴 수 있지만, 함께 달린다면 이 힘든 세상도 좀 더 즐겁고 기쁘게 살아갈 이유를 찾게 될 것이다.

5. 서기관 승진과 독일유학

갑자기 진원이한테 연락이 왔다.

"형님! 이태원 사고 났는데, 형님은 무탈하시죠?"

"응, 나야 무탈한데 어쩐 일로 전화한 거야?"

"형님 이태원 가끔 가시는데, 혹시나 가셔서 변고는 없는지 안부 인사 차 전화했죠? 헤헤"

하긴 내가 이태원을 참 좋아하긴 하는데, 다행인지 대참사가 발생하던 날은 이태원을 가지 않았다. 사실 그 전날 금요일 모처럼 친한 동생들과 강남 신라스테이 역삼에서 식사를 마친 후 웬만하면 다들 이태원이나 근처에서 놀기로 했는데 식사를 늦게 마치고 뒤이어 2차 이자카야에서 모임을 한 터라 굳이 3차는 부담스러워하는 눈치였다. 그래서, 결국 쌤을 제외하고는 모두 각자 주어진 스케줄에 따라 집으로 발길을 돌렸다. 홀로 떠나가는 쌤이 안쓰러워 나도 뒤따라갈까 싶다가 이미 지하철로 발길을 돌리는 다수의 멤버들에 합류하여 나도 조용히 모임을 마무리 지었다. 아무튼, 진원이는 다소 상기된 목소리로 안부 근황을 물으며 언제나 그렇듯 활기참에 들떠 즐거운 느낌이 들었다.

"진원아! 괜히 둘러 얘기하지 말고 본론을 얘기해봐! 뭔 일이야?"

그제야 진원이는 조심스레 자기의 안부를 전했다.

"사실, 형님! 이번에 저 서기관으로 승진했습니다. 드디어 서기관 달고 유학 가게 되었어요!"

"와우, 우리 진원이가 드디어 서기관으로 승진했구나! 너무너무 축하해!"

내가 승진한 것보다 더 기쁜 마음이 들었다. 난 사실 요즘 마음을 비우고 살아서 그런지 내가 아닌 주변에 있는 친한 동생이나 제자가 잘되었다는 소식을 전하면 마치 내가 잘될 것 같은 즐거운 마음이 든다. 인생 얼마 살지는 않았지만, 타인의 즐거움을 함께 하는 것만으로도 난 너무 즐겁고 행복하다.

"너무 잘 되었다. 조만간 진원이 독일 유학 가기 전 축하파티라도 해야지!"

"네네, 형님, 곧 뵙겠습니다."

늘 그렇듯 진원이는 긍정의 아이콘이다. 사실 30-40대가 영끌을 그렇게 하는 시점에서도 오로지 공직자의 윤리의식과 기강을 생각하며 자기만 그냥 전세로 살며 공무원으로서의 소임을 다했다. 사실 마음만 먹으면 충분히 빚을 내서 집을 살 수 있는데, 원이는 그런 욕심이 없어 보였다. 그냥 전세로 살면서 자녀교육 잘 하고 나중에 유학 다녀와서 월세로 살기를 이미 마음을 굳힌 것 같았다. 가끔 진원이한테 아파트 한 채 자가는 있어야 하지 않느냐며 집 살 것을 권유했지만 그때마다 원이는 그냥 전세로 살든 월세로 살든 자가로 살든 그렇게 자기한테는 의미가 없다고 했다. 뒤늦게 태어난 둘째 아들 잘 키우고, 첫째 아들 반듯하게 잘 키워서 행복하게 살면 그것으로 충분하다고 했다.

그리고 한국에 살면 이런저런 주변 눈치 보면서 살아야 하는데, 이번에 국비 장학생으로 독일 유학 가게 되면서 굳이 명품도 필요 없게 되었다며 제수씨가 작년에 구입한 명품도 모든 당근마켓에 팔았다고 했다. 한국에서나 명품이 의미 있지! 굳이 독일에서는 명품이 필요 없고 그냥 소박하게 인생 즐기면서 살아도 되기에 제수씨도 명품을 원치 않아서 차라리 그 돈으로 독일 유학 가서 시간 날 때 여행이나 실컷 하면 좋겠다는 바람을 비쳤다. 한국에서는 초등학교 선생님이라고 해도 최소 명품 한 개 정도는 걸치거나 갖고 다녀야 학부모나 주변에 꿀리지 않아 어쩔 수 없이 중고명품을 하나 샀는데 이제 필요 없다는 것이다. 한국 사회가 얼마나 허례허식에 찌들어 사는지 명백히 알 수 있는 하나의 명확한 증거가 될 수 있다.

부서를 이관하면서 주말 부부로 살아야 하는 진원이는 어쩌면 독일 유학이 다시 가족을 하나로 뭉쳐주는 계기가 되므로 뒤늦게 유학을 떠나는 것이지만, 너무나 의미 있고 행복한 시간이 될 거라고 했다. 그러면서 전세도 놓고, 이것저것 준비하느라 요즘 정신이 없다고 하면서 그래도 이렇게 행복을 꿈꿀 수 있음에 행복하고 무엇보다 진원이의 귀한 아들이 그래도 독일에서 학교 다니면 한국의 이 복잡한 교육시스템에 찌들지 않아도 될 것 같아서 좋다고 했다. 자신의 큰아들이 사교육을 받지 않고 본인 스스로 뭔가를 해서 학교에서 수상하는데도 다른 학부모들은 어느 학원, 어디에서 족집게 과외를 받았냐며 끊임없이 묻는다는 것이다. 그래서, 진원이는 설령 아들이 중학생이나 고등학생이 되어도 굳이 학원을 보내지 않을 것이며 그래도 외국어인 독일어나 영어는 잘 해두면 나중 진로에 도움이 되지 않겠냐며 힘겹게 독일유학을 감행한다는 말을 전해줬다.

늘 긍정적으로 사는 진원이한테 배울 점이 많다고 생각한다. 현실에 그렇게 쪼들려 궁핍하게 살지 않고 여유를 즐기면서 그리고 자녀교육에 대해서도 굳이 사교육의 프레임에 갇히지 않고 자기만의 노하우와 주관을 갖고 멋있게 살아가는 진원이가 참으로 보기 좋게 느껴지며 무엇보다 공무원으로서의 청렴결백에 걸맞게 올곧게 살아가는 모습이 찐 대단하다는 생각이 들었다.

앞으로도 진원이가 지금처럼 반듯하게 자기의 길을 묵묵히 걸어갔으면 하고 바라본다.

6. 양양 오션스테이 생숙의 인연

변호사 제자 주호가 연일 힘들다며 SOS를 요청한다. 어릴 때부터 봐왔던 친구인데 어느새 40을 앞두고 아직 인생에 대해 이런저런 고민이 많은 것 같다. 사실 결혼을 하지 않고 독신으로 살겠다고 결심했을 때 투자 겸 자신의 휴식처로 생각한 양양 오션스테이가 막상 결혼을 결심하고 아파트를 마련한 후에는 짐덩이가 될 줄 예전에는 미처 몰랐나 보다. 나야 인생을 어느 정도 살고 다양한 인생 경험을 했기 때문에 이러한 생숙이 얼마나 골치 아픈지 안 봐도 명약관화이므로 굳이 선택하지 않는데 젊은 친구들에겐 이러한 양양 앞바다의 생숙이 매력적으로 보일 수밖에 없다.

이런저런 사정과 우여곡절 끝에 이 길이 저승으로 가는 지옥열차임을 알고서도 난, 마치 도전하는 마음으로 이 물건을 물려받았다. 요즘처럼 금리가 치솟는 시기에 사실 이러한 생숙은 은행금리도 못 맞추기에 투자처로는 바닥을 치지만, 언젠가 동해북부선이 개통되고 양양이 더더욱 젊은이들의 서핑성지로 주목받게 된다면 분명 이곳이 명당으로 인기를 끌 것은 분명하다. 당장 수중에 돈이 들어오면 좋지만, 모든 투자가 어떻게 당장 수익을 낼 수 있을까? 게다가 죽어가는 제자 살린답시고 선의로 접근한 매물이기에 나에게는 어쩌면 처음부터 이런 기대감이 없었는지도 모른다. 아울러 그저 양양 앞바다의 푸른 물결에 나 역시도 신나게 춤추고 놀았으면 하는 철없는 마음이 작동한 지도 모른다.

10월 중순쯤, 이 매물을 물려받고 부동산 매매를 체결한 후 양양군청을 찾아 이전에 필요한 모든 절차를 마쳤다. 그리고 시간이 흘러 다른 수분양자들은 어떻게 일을 진행하는지 알고싶은 마음이 들었다. 분명 이러한 생숙은 운영에 있어 꼭 문제가 발생하게 마련인데 위탁운영 업체라는 곳에 전화를 해봐도 별반 뚜렷한 답을 제시하지 못하여 은근 신경이 쓰이기 시작할 무렵, 기존의 영업 위탁업체를 뒤로 한 채 새롭게 운영업체를 찾고 변화를 모색하는 모임을 알게 되었다.

몇 차례의 전화 통화를 거쳐 나름 리더라고 생각되는 분양자랑 연락이 되었고 상당히 경직된 톤과 어떻게 보면 자신감에 가득 찬 목소리, 그리고 결코 무임승차인 free ride를 허용할 것 같지 않은 냉담에 어떻게 다음 액션을 취해야 할지 순간 고민이 되기도 했지만, 처음부터 자신의 신분인 모의과대학 안과 교수임을 밝히면서 왜 일을 솔선수범해서 나서는지 이유를 밝히는데 '정의'라는 단어가 내 마음에 깊이 박히게 되었다. 어느 순간, 내 삶을 돌이켜봤을 때 정의를 위해 얼마나 열심히 달려왔는지 생각하면 뚜

렷하게 사회에 크게 이바지한 게 없다는 자책이 든다. 늘 앞서 나가 올곧음을 강조하고 세상의 불의를 보면 참지 못하는 성격인데 차츰 나이를 먹어가면서 굳이 앞에 나서 하는 일에 '내가 왜? 내가 한다고 세상이 달라질까?'라는 생각을 하게 된 것 같다. 즉 내가 나서서 나대지 않아도 충분히 세상은 돌아가는데 굳이 내가 앞서 나가 과연 얼마나 세상의 빛이 될 수 있는지를 의구심을 갖고 생각하게 된 것이다.

그런데, 다시금 정의를 위해 의욕을 갖고 일하는 나보다는 연배가 어린 분의 열정을 보면서 다시 열정을 갖고 삶에 충실하리라 다짐하게 된다. 내가 가진 정의의 본질은 무엇인지 그리고 내가 잠시 잊고 살았던 옳고 그름에 대한 판단기준은 무엇인지 그리고 내가 타인을 위해 무엇을 할 수 있을지 조금은 큰 그림을 그리면서 돌이켜보게 되었다. 물론 궁극적으로는 이윤 창출이 목적일 수 있지만, 그 과정에서 낯선 이방인들과의 인연을 소중하게 생각하며 선의로 앞에서 이끌어 나가고자 하는 모습이 내 젊은 날의 초상화와 겹치는 이미지가 있기에 더더욱 친밀감을 느끼는지도 모른다. 생면부지의 사람들에게 올바른 정보로 이끌어 나가는 과정이 때로는 힘들 수도 있고 때로는 의도치 않은 불협화음을 만들 수도 있지만 모든 역사가 그러하듯 이러한 선구자적인 발자취가 있었기에 세상은 또 그나마 올바른 가운데 돌아간다고 생각한다. 그리고, 나 역시 이러한 모임에 발을 담그면서 좋은 점은 비록 대면으로 한 번도 만나지는 못했지만, 비록 영리를 추구하는 이익집단에 뜻하지 않게 가입하여 인연을 맺은 이상 앞으로 함께 하면서 더 좋은 관계로 발전시키면 단순히 건물값 이상의 값어치가 있다고 믿기 때문이다. 사람을 소중하게 생각하는 사람이야말로 난 이 세상을 좀 더 나은 곳으로 그리고 살만한 세상으로 만들 수 있다고 확신한다. 어쩌면 언젠가 나도 좀 더 큰 그림에서 생각해보면 현재보다 다양한 모습과 위치에서 사회를 정의롭게 만드는 역할에 동참하지 않을까 기대해본다.

7. 인생은 새로운 만남의 연속과 인연

양양 오션스테이 위탁관리 운영과 관련하여 수분양자 모임이 있었다. 사실 숙박업 인허가부터 기존 위탁경영을 맡은 에머슨 업체와 이에 실망한 수분양자 50호가 새로 선정한 업체 빌트립을 선정하면서 이를 둘러싼 법적인 문제는 물론 인허가 과정에서 당연히 이슈가 되는 문제를 해결하기 위해 나름 만남이 진행되었다. 기존에 수분양자가 전혀 인지를 하지 못한 채 무작정 서명한 에머슨 업체 본부장과 빌트립을 선택한 수분양자를 대표하여 6인이 양양오션스테이를 찾았다. 새벽 내내 이런저런 걱정에 잠을 이루지 못한 채 관련 법규를 뒤적여보며 판례까지 검토하는 가운데 변호사 제자를 위한답시고 너무 선의로 나이브하게 접근한 것이 화근이었음을 뒤늦게 깨닫게 된다. 평생 남한테 도움을 주고 살아서 그런지 이번 건도 사실 예견한 상황에서 제자 녀석이 너무 경제적으로 힘들다며 죽겠다고 난리 치길래 이 녀석을 위한답시고 덥석 달려들었더니 이 문제가 생긴 것이다. 나름 대한민국을 대표하는 건설업체 사내변호사로 나이도 40이면 충분히 검토하고 이 물건을 분양받았을 그거로 생각했는데 아직 인생의 연륜은 부족한 게 틀림없다. 사실 그 녀석을 원망해봐야 아무런 소용이 없기에 그냥 즐거운 마음으로 생활하고 지내려고 하는데 생각처럼 쉽지가 않다.

다른 제자의 결혼식을 뒤로 한 채 미리 미안하다는 말과 부조금을 대신 전한 뒤 다시 양양으로 발길을 돌렸다. 나름 앞에서 기존에 수고하셨던 분들의 노고를 생각하며 미력이나마 함께 하겠다는 마인드로 힘겨운 여정을 굳이 선택하며 일요일 오후 1시 모임을 준비했다. 일요일은 아침부터 세찬 바람과 함께 비가 쏟아지기 시작했다. 날씨가 좋으면 그나마 기분도 좋을 텐데, 쏟아지는 비바람을 보면서 마치 내가 지금 처한 상황이랑 너무나 잘 맞는구나! 그런 이상야릇한 생각도 들었다.

시간에 맞추어 약속된 양양오션스테이 근처 와롱빠뜨릭이라는 발리 음식점에 도착했다. 내가 가장 먼저 도착했는지 일행은 보이지 않았다. 이국적인 식당에 몇 테이블에는 벌써 손님들이 음식을 주문해 먹고 있었다. 사실 얼굴을 모르는 채 진행된 급 만남이라 어떻게 일행을 찾을까 잠시 고심도 되었다. 이러던 차, 종업원이 다가오며,

"뭘 주문하시겠어요?"

"네, 아직 일행이 도착하지 않아 오면 같이 주문할게요!"

두리번 주변을 살펴보았다. 마치 진짜 발리에 온 듯한 실내장식

이 나름 이국적으로 느껴졌고, 예전에 한동안 머물면서 즐겼던 발리에 온 듯한 몽환적인 느낌이 들며 몇 장의 사진을 찍게 되었다. 잠시 후 두 분이 함께 내 옆 테이블에 자리를 차지하며 혹 2011호가 아닌지 물었다. 그렇게 낯선 분들과의 조우가 시작되었다. 이윽고 나타난 다른 분들까지 총 6명이 양양오션스테이를 선택하면서 겪었던 마음고생에 대해 잠시나마 함께 이야기 나누며 앞으로의 방향성에 관해 이야기하게 되었다. 사실 이런 생활형숙박시설 줄여서 생숙은 위탁운영업체가 어떻게 하느냐에 따라 승패가 좌우된다. 올바른 기업윤리마인드를 갖고 수분양자의 이익을 위해 최선을 다해 정말 상생한다는 마인드만 있다면 이처럼 바닷가 바로 옆 최적에 있는 오션스테이 양양이 실패한다는 것은 거의 불가능에 가깝다.

늘 생각하는 바이지만, 단순히 조금의 이익을 취하고 소탐대실을 할 것인지 아니면 좀 더 장기적인 관점에서 상생과 공존의 발전을 위해 더욱 큰 그림을 그리고 비전을 제시할지는 오롯이 기업경영가의 몫이다. 본부장과의 면담이 처음에는 다소 딱딱하고 사무적인 관계였지만, 올해 51세라는 그분은 나름대로 기존에 경험치도 있고 호텔 관련 업무도 진행했기에 현장 경험은 있는 듯 보였지만, 신뢰와 관련하여 무조건 자기들을 믿고 따라 달라는 말에는 쉽게 수긍할 수 없었다. 기존에 보여준 행동은 사실 전혀 신뢰감이 가지 않는 보통 주먹구구식 산술법에 기인한 자기네들 위주의 관리방식이었을 뿐, 수분양자를 위한 가치에는 그다지 신경을 쓰지 않았음이 분명하고 이제 겨우 1달째 이곳 오션스테이 양양의 수분양자로 내가 체험하기에도 어설픈 면모가 산재하여 진심 기업경영에 관해 조언을 해주고 싶은 심정이었다.

물론 현재 수분양자들이 원하는 모든 답변을 얻거나 만족을 주는 자리는 아니었지만. 나름 생양아치는 아니었으면 좋겠다는 그 신념에 조금은 기대감을 충족할 수 있던 자리였고 앞으로 에머슨이 어떻게 나올지 이에 따라 충분히 상생과 공존과 관련하여 윈윈의 기회는 있다고 생각한다.

사람들은 누구나 자신을 그저 믿어달라고 말한다. 하지만, 믿음을 주는 행위가 뒤따를 때 사람들은 신뢰하고 그 사람에 대한 진정성을 통해 함께 할 수 있음을 확신하게 되지 그저 말로만 번지르르하게 내뱉는 허상에 대해서는 절대 믿음을 줄 수 없다. 비록 짧은 시간 동안 카톡을 통해 알게 된 오션스테이 양양의 수분양자 분 중 일부를 만나게 되었지만, 이분들에게서는 에머슨 업체와는 다른 믿음이 가고 일명 동지애가 감을 느끼는데 그 이유는 동병상련의 처지도 있겠지만, 카톡이든 아니면 실제 만남에서 보여주는 진실성과 거짓 없는 행동이 너무나 감동을 자아냈기 때문이다. 비록 오랜 시간을 함께 알고 지낸 사이는 아니지만, 단 몇 마디의 말과 행동을 통해서도 이분들의 인품과 인격을 알 수 있었던 이유는 나 역시 인생을 어느 정도 살아온 시점에서 수많은 사람을 만나고 이들과 함께 지내오면서 쌓아온 연륜과 경험 덕분이라고 생각한다.

누구나 살면서 인생의 원치 않는 풍파와 고통을 접할 때 화가 나고 짜증도 나며 자신의 처지에 대해 실망을 하게 된다. 나 역시도 마찬가지이다. 그런데도 원치 않는 상황이 닥쳤을 때 잃지 말아야 하는 것은 정신 바짝 차리고 슬기롭게 헤쳐나가야 한다는 사실이다. 그리고 그러한 과정은 혼자일 때보다 집단지성의 힘으로 함께 분담하여 지혜를 모아나갈 때 그 효과는 배가 된다고 생각한다. 비록 경제적인 손실은 있을지 모르지만. 뜻하지 않은 그리고 원치 않은 만남과 모임이었지만 일을 끝낸 후 허름한 중국집에서 탕수육과 짜장, 짬뽕에 그저 살아가는 이야기를 하며 마음을 달랜 것만으로 일요일 오후의 감흥에 감사를 드린다. 시간적인 손실과 낭비, 그리고 원치 않은 자리에 동석하여 이게 뭔 짓이지? 라는 자책의 마음도 들었지만, 그런데도 좋은 분들과의 만남과 서로를 생각하며 따뜻한 식사 한 끼라도 서로 대접하려는 감사의 마음에 마음 한 켠이 따뜻함을 느낀다. 회비에는 절대 손대지 않고 진심 봉사와 희생의 마음으로 일 처리 하는 모습에서 그래도 아직은 각박한 인생살이가 아님을 깨닫게 된다.

허름한 중국집에서 바닥 난방도 안 되는 곳에 방석을 깔고 그래도 서로 웃으면서 앞으로의 발전과 기대감에 행복해하는 청사진을 그리며 우리도 추억의 사진을 한 장 찍으며 양양에서의 추억을 뒤로했다. 다들 갈 길이 바쁜 상황에서 아쉬운 이별이었지만, 어차피 인생은 만남과 이별이 공존하기에 만해 선생님의 말씀처럼 '회자정리 거자필반'을 되새기며 다음 만남에 대한 기대해본다. 다음에는 정말 멋진 곳에서 축하의 파티를 함께 할 수 있는 시간이 돌아오길 간절히 바라며 나의 양양 여행에 대한 감회를 마감하고자 한다. 양양의 푸른 바다처럼 이곳 오션스테이 양양을 선택한 우리 50호실은 물론 전체 수분양자들에게도 훈풍이 불길 간절히 기도드려 본다.

8. 이태원 애상

이태원은 한국에 속한 땅 중 가장 이국적인 화려함이 가득한 곳이라고 생각한다. 화려함은 밤에 존재하는 허상이라고 생각할 수 있지만, 내가 생각하는 이태원은 구석진 골목의 낙후도 존재하지만 다른 한편으로는 전 세계에서 가장 많은 외국인이 한국이라는 작은 마을에 모여 각자의 개성을 유감없이 발휘하는 그런 화려함이 공존하기에 그토록 매력적인 핫스팟으로 통한다고 생각한다. 이런 이태원에 대참사가 발생했다. 과연 이런 일이 현재의 대한민국에서 발생한 것이 맞는 것인지 내 눈과 내 귀를 의심할 정도로 토요일 밤 전해진 비보는 우리의 가슴을 후벼내고 눈물샘을 자극하기에 충분했다. 예전 삼풍백화점이나 성수대교 붕괴, 그리고 세월호 사건에 이어 최근 가장 크게 발생한 안타까운 일이기에 우리 모두 그렇게 슬퍼하는지도 모른다.

난 우리의 청춘이 이렇게 소리 없이 한국에서 사라져버리는 현실이 너무나 가슴 아프고 안타깝다. 아직 피지 못한 꽃들이 도대체 누구의 잘못으로 이렇게 세상을 떠나야만 하는지 생각하면 할수록 마음이 찢어지듯 아프다. 내가 할 수 있는 일이라곤 고작 추모금을 올리고 이들을 위해 간절한 기도를 드리는 것밖에 없지만, 이들은 어떻게 보면 나의 조카이자 자녀이고, 한 다리 건너면 어떻게든 연결되는 우리랑 함께 이 시대를 살아가는 소중한 존재들이기에 더더욱 마음이 아픈지도 모른다. 구구절절 사연을 들을 때마다 눈물이 줄줄 흐른다. 이제 겨우 사회생활을 하며 기반을 다지는 청춘들이 모처럼 큰맘 먹고 이태원 할로윈 축제에 참여했는데, 그 짧은 순간 명을 달리한다는 게 믿기지 않는다.

사실 지난번, 이태원에 갔을 때 헤밀튼 호텔 근처 골목길이 너무나 복잡해 할로윈이 아닌 토요일이었음에도 양쪽에서 밀려드는 인파에 한동안 그 골목길을 걸어가지 못해 힘들었던 적이 있다. 하물며 이번처럼 거의 3년 만에 개최된 축제에 이토록 많은 인파가 몰려 불의의 사고가 발생할 수 있음은 어쩌면 예견된 일인지도 모르겠다. 정말 이 골목 일대를 다녀본 사람은 충분히 알 것이다. 한쪽에서는 오르막이지만 반대 방향에서는 내리막이고 그 중간에 있는 사람은 양쪽으로 밀려드는 인파에 오도 가도 못 하는 상황이라 자칫 조금만 밀리는 현상이 발생해도 대형사고로 이어지는 것은 명약관화이다.

대참사가 일어난 후, 이에 대한 책임을 둘러싸고 많은 질책과 책임과 후회가 이어진다. 어쩌면 안전불감증이 이토록 계속해서 이어지는지 너무나 안타깝다. 예전에 영국 유학 시절, 담당 교수님께서 삼풍백화점과 성수대교 붕괴 사건을 수업 중 언급하시는데 정말 마음 아팠던 기억과 더불어 뭐라고 형언하지 못할 복잡한 느낌이 들었던 기억이 난다. 세월이 흘러 이 정도의 경제 규모를 갖추고 자유 민주주의 국가라고 자부하는 나라에서 이런 일이 발생하는 게 난 너무나 이해가 안 되고 그저 가슴 먹먹할 뿐이다.

이렇게 젊고 아름다운 청춘이 소리 없이 낙화하는 모습을 지켜보는데, 기성세대의 관점으로서 너무나 죄스럽고 안타깝고 그저 미안할 뿐이다. 왜 이러한 젊은 청춘에게 이토록 무거운 이별의 아픔을 지워야만 하는지 이 글을 쓰는 내내 그저 송구스럽다는 말 외에는 다른 적절한 어휘가 생각나지 않는다. 할로윈이라는 서양 축제에 왜 한국이 이렇게 난리라는 말은 하지 않길 바란다. 일순간 영업이익을 노린 상술이라고 상인들에게도 애써 책임을 지우려는 태도도 그만두길 바란다. 이 모든 책임은 우리 모두에게 있다고 생각한다. 이 정도의 인파라면 당연히 문제가 발생할 수 있음을 미리 인지하고 좀 더 면밀하게 대책을 세워야 했는데, 다들 내 담당이 아니기에, 내 업무와는 직접적인 책임이 없기에, 주최 측이 불분명하기에 나랑은 상관없다는 안전불감증이 이번 사태를 키웠다고 생각한다.

이렇게 온 나라가 슬픔에 잠겨 통탄을 금치 못하는 가운데 그나마 탄광에 갇혀 생사의 갈림길에 섰던 두 분이 생환했다는 반

가운 소식이 전해져 나라는 다시 생기를 되찾는 것 같지만 그렇다고 이태원에 몰아닥친 대참사에 대한 아픔이 희석돼서는 곤란하다. 세상에서 가장 고귀한 젊은 청춘들과의 이별에 우리 모두 각성하고 책임지는 마음으로 정말 두 번 다시 이러한 희생이 발생하지 않도록 노력해야 한다. 단발성이 아닌 보다 적극적이고 면밀한 반성과 책임으로 우리의 아이들을 지켜야 한다.

'부디 하늘나라에서는 더 이상의 고통이 없길 간절히 기도드립니다. 그리고 이 못난 기성세대를 절대 용서하지 마세요! 이렇게 살아있음에 너무나 죄송합니다.'

뚝뚝뚝! 하염없이 눈물이 떨어지는 이유를 내 나이 50이 넘은 지금에야 조금에야 인생의 슬픔과 아픔, 그리고 공감하는 비통함을 깨닫게 된다.

9. 신라스테이 그리고 이자카야

나이 들어 만남을 이어가는데 어린 시절보다 몇 곱절의 노력이 필요하다. 이미 기존에 맺은 인간관계에 더해 새롭게 만든 관계이기에 대충 노력해서는 그 관계는 금방 단절되고 만다. 그나마 성향이 비슷한 친구들끼리 모여 정말 사람이 좋다는 이유 하나만으로 모임을 주선했다. 그리고 몇 달의 시간이 흘렀고 우린 아파트 입주민이라는 이웃사촌이라는 공통분모 하나로 소식을 주고받고 만남을 이어가는 그런 사이가 되었다.

다 함께 식사 한 끼 하면서 추억을 쌓자는 취지로 역삼동에 있는 신라스테이에서 오붓한 시간을 보냈다. 이보다 좋은 곳에서 식사할 수도 있지만. 다들 주머니 사정 및 기타 여건을 고려하여 신라스테이로 정했고 다들 만족도가 높은 듯 보였다. 다만 우려스러운 것은 아무래도 자리 배치가 원탁이 아니라 사각이다보니 끝자리와 끝자리에 있는 친구들은 이야기할 시간이 상대적으로 적었다는 아쉬움이 남기는 하다.

신라스테이 디너는 완전 화려하지는 않지만, 그렇다고 궁색함이 들지 않을 정도의 가성비 훌륭하고 깔끔한 느낌이 드는 레스토랑이다. 코로나는 물론 코로나 이전에도 이곳에서 자주 식사 모임을 하곤 했는데, 이번에는 최근 친해진 친구들과 모임이라 그 느낌이 남달랐다. 역시 사람에 따라 음식 맛도 다르게 느껴지나 보다. 다들 말쑥하게 차려입은 모습이 깔끔하게 느껴졌고 오랜만의 외출이라 쌤은 더더욱 흥분된 표정이었다. 직장에서 곧 온 친구들도 있었고, 아파트에서 같이 출발해온 친구도 있었고 뒤늦게 일을 마치고 온 친구들도 있었지만 모두 오랜만의 만남에 거는 기대는 컸기에 한참을 식사는 뒤로 한 채 이야기꽃을 피웠다.

난 일상에서 이러한 모임이 상당히 중요하다고 생각한다. 고작 밥 한 끼 같이 하는데 무슨 의미가 있냐고 할지 모르지만, 다들 이 하루를 위해 한 달 전부터 스케줄 조정하고 회비 입금하고 또한 당일 여기에 오기까지 하루 일정을 조정한 수고를 알기에 단순한 모임을 너머 서로에 대한 애정과 사랑을 확인하는 자리라고 생각한다. 남녀 간에만 사랑이 존재하는 것이 아니라 특히 나이가 들어가면서 친분을 유지하기 위해서는 이러한 모임을 통해 이야기를 도란도란 나누는 과정이 의미 있다고 생각한다. 아무래도 식사를 나누고 한 잔의 맥주를 통해 더욱 진솔함이 묻어난다고 생각한다. 다들 1차에 대한 아쉬움이 남았기에 2차는 진수가 고른 이자카야에서 더 많은 이야기를 나누기로 했다.

처음엔 룸 차지가 40만 원인 줄 알고 고심했는데 나중에 들어보니 4만 원이어서 난 흔쾌히 2차 모임을 이자카야에서 하기로 동의하고 자리를 이동했다. 프라이빗한 공간에서 나누는 이야기는 1차에 비해 좀 더 깊이 있는 이야기가 이어졌다. 각자 마음에 담아둔 30대와 40대의 성생활부터 시작해서 부부관계, 경제적인 부분에 이르기까지 평소 나눌 수 없었던 많은 이야기를 나누며 웃음꽃을 피웠다. 안주도 그나마 합리적인 가격이어서 다들 부담 없이 시켰는데 나중에 계산을 해보니 절대 적지 않은 돈이었다. 아마 이런 전략이 이 가게를 흥하게 하는 작은 기술인가 보다. 다들 마지막 계산서를 보고 놀랐지만, 총무가 따로 없는 이 상황에서는 맏형인 내가 계산할 수밖에 없다고 생각했다.

살아가면서 이렇게 모임을 해도 과연 1년에 몇 번 단체가 모일 수 있을까? 그런 생각이 들었다. 물론 다이어트를 해야 해서 이런 자리가 그리 달가운 것은 아니지만, 그래도 내가 살아있음을 느끼는 가장 중요한 대목 중의 하나가 바로 함께 서로를 이해하는 순간이라고 느끼기 때문에 아마 내 생명이 다하는 순간까지 이러한 모임을 주관하는 일은 계속되지 않을까 생각한다. 물론 나를 대신해서 이러한 역할을 할 그 누군가가 나타난다면 난 기꺼이 내 자리를 물려줄 것이다. 어느 순간, 난 앞에 나서기보다는 뒤에서 서포팅하는 일에 더 만족을 느낀다. 아마도 30대나 40대가 좀 더 무대 위에서 빛을 발하며 보다 적극적인 역할로 조명을 받길 원하는 마음이 크기 때문이라고 생각한다. 비록 늦게 알게 된 사이이지만, 지금 이 느낌 그대로 계속 좋은 관계로 지속하길 바란다. 관계유지를 위해서는 서로 노력이 필요하다고 생각하며 이를 위해 때로는 개인적인 시간 할애는 물론 상대에 대한 배려가 어리고 젊은 시절의 곱절의 노력이 필요하다고 생각한다. 더하기 빼기와 같은 이해관계를 너무 하지 말고 단지 인생을 살아가는 동무가 한 명 더 생긴다고 생각하면 가장 마음 편할 것이다.

10. 하늘을 나는 승무원이 꿈이라면?

처음 성현이란 친구를 소개받았을 때, 난 당연히 여자라고 생각했다. 보통은 승무원을 꿈꾸는 친구들이 여학생이 많으므로 어쩌면 내가 고정관념에 사로잡혀 지레짐작 성현이를 여자라고 생각한 지도 모른다. 결국, 나중에야 알았지만 민서는 자기의 남자친구를 나에게 소개해줬고 그 덕분에 2달간 성현이의 대입 면접을 준비해주는 나름 인연을 갖게 되었다.

성현이는 누구나 알법한 성형외과 원장님 아들로 누나 역시 현재 의대에 재학 중이고, 본인도 어쩌면 부모님의 기대로 의대를 생각했는지 모르지만 적성 상 의대는 포기한 채 미대를 준비하다가 또 갑자기 승무원의 꿈을 키우며 현재에 이르렀다. 훤칠한 키에, 나름 훈남 외모는 충분히 승무원으로서의 완벽한 자질을 갖췄다고 말할 수 있는데, 아무래도 승무원이 되기 위한 항공서비스학과는 대체로 면접을 가장 많이 보기에 어떻게 하면 단시간에 면접 준비를 시키느냐가 합격의 관건이었다. 사실 학생이 말을 잘하기란 쉽지 않다. 그것도 단순히 말하는 게 아니라 면접에 걸맞은 말을 하기는 쉽지 않다.

항공서비스학과에 걸맞은 예상 문항을 거의 300개 뽑아서 성현이한테 주고 답을 달도록 부탁했다. 하지만, 겨우 고3인 학생이 그것도 전혀 이 방면에 문외한이 성현이가 무엇을 할 수 있단 말인가? 그저 어렵다는 말과 과연 해낼 수 있을지에 대한 끊임없는 회의감으로 용기를 잃어갈 때 내가 할 수 있는 최고의 방법은 칭찬을 통해 학생이 가진 잠재력을 무한 끌어내는 것이다. 조금만 잘해도 크게 칭찬해주고 잘할 수 있다는 격려를 하면서 포기하지 않고 끝까지 해내도록 독려를 했다. 답변 역시 학생과 함께 만들어가면서 스스로 할 수 있는 부분과 하지 못하는 부분을 정확하게 분석해 면접관이 원하는 답변을 탐색하고 만들어가며 점차 성현이가 스스로 답변하는 능력을 기르도록 도와줬다. 단순히 암기하는 것이 아니라 키워드 위주로 정말 답변에 몰입하여 생각할 수 있도록 하는 것이 중요했다. 그렇게 많은 답변을 사실 외우기란 불가능하기에 최대한 이해도를 높여 각 상황에 맞게 대처할 수 있는 면접능력을 키우는 것이 가장 중요하다.

처음에는 아예 답변 자체를 못 하던 성현이가 횟수를 거듭하면서 점차 승무원으로서의 자질을 갖추며 답변에도 깊이가 더해졌다. 그냥 평범한 답변보다는 면접관이 좋아할 만한 진정성 있는 답변을 위해 때로는 사자성어를 섞어가며 다른 학생의 답변과 차별되는 답변을 만들기 위해 같이 고민하고 노력했다. 무엇보다 자신감을 느끼는 것이 중요하기에 최대한 발성을 크게 하고 또렷한 목소리로 답변을 전달할 수 있도록 eye contact에 있어서 주의할 점, 답변할 때 속도와 빠르기 조절, 무엇보다 답변에 진정성이 느껴지도록 앵무새처럼 암기해서 내뱉기보다는 감정과 감성을 실어 상황에 맞게 답변하는 데 중점을 두고, 수시로 꼬리 무는 질문까지 압박 면접을 통해 모든 상황에 대처할 수 있도록 훈련했다.

면접을 하루 앞둔 날 성현이는 드디어 밝게 웃으며 이제 면접이 무엇인지 조금 알 것 같다고 했다. 면접은 정말 답변내용도 중요하지만, 상대에게 긍정적 시그널을 주는 표정도 중요하기 때문에 늘 웃는 미소로 면접관에게 답변해야 한다. 그리고, 아무리 어려운 질문이 들어와서 본인이 답변할 수 없을 정도로 난감해도 겉으로는 모르는 티를 내지 말고 웃으면서 일단 시간을 벌고 그 사이에 머리를 최대한 회전시켜 임기응변으로 답변하는 것이 중요하다. 사실 따지고 보면 면접에는 기존에 정해진 고정관념과 같은 답변이 없다. 상황에 따라 얼마나 슬기롭게 위기를 대처하느냐가 합격의 가늠자라고 생각한다.

면접을 보고 난 후 성현이는 수시로 면접을 본 후기를 전화 또는 메시지로 알려주었고 본인이 면접에서 아쉬운 부분을 고백하며 다음 면접에 대한 발판의 기회로 삼는 것이 너무나 인상적이었다. 이러한 성현이의 노력과 나의 베테랑 면접이 시너지 효과를 거뒀는지 성현이는 이후 모든 대학에서의 합격 소식을 전해왔다.

너무나 감사한 일이다.

난 성현이에게 여기에서 안주하지 말고, 항공승무원으로서의 꿈도 너무 좋지만, 이제 말하기 실력을 쌓았기 때문에 다음 단계로 영어공부를 열심히 하면서 장래 아나운서나 앵커로서의 꿈을 키워나가면 어떻겠냐고 물어봤다. 사실 승무원으로서의 꿈도 너무나 좋지만, 현재 방송인으로서 크게 활약하는 미스코리아 출신 이승연 역시 한때는 잘나가는 승무원이었다가 이를 발판으로 전향하여 현재는 대한민국에서 잘나가는 연예인이 된 것처럼 승현이 역시 이렇게 꿈을 앞으로 계속 키워나갔으면 하는 바람이 있다. 다행히 성현이 역시 이번 면접을 계기로 막연하게 생각한 자신의 진로에 대해 고심하게 되었고 이를 계기로 좀 더 노력하고자 다짐하게 되었다고 한다. 그러면서, 평소 그저 이루지 못할 꿈이라고 생각한 자신의 경찰공무원으로서의 도전도 다시 해보고 싶다고 전했다. 앞으로도 더더욱 매진하겠다고 약속했기 때문에 난 성현이의 무한한 발전을 기대해본다. 현실에 안주하지 않고 끊임없이 노력하는 청춘의 낭만과 기대에 감사를 드린다.

11. 빌리 유모차 부가부

어릴 때 강아지를 키울 때 느낌이랑 나이 들어 키우는 느낌은 자못 다르다. 어릴 때는 마냥 나와 함께 놀아줄 대상으로만 생각했다면 이제는 나와 함께 인생을 보내는 자식 같은 느낌으로 강아지를 대하게 된다. 어느 날 동물병원에서 하얀 천에 싸여 무지개다리를 건너는 강아지를 보며 대성통곡한 이유도 문득 나에게도 닥칠지 모르는 우리집 강아지 빌리와의 이별이 너무나 겁나고 무섭기 때문인지도 모른다. 이제 10년을 나와 함께 한 빌리가 앞으로 얼마나 나랑 시간을 함께할지 난 벌써 이별을 걱정하고 있다.

유독 강아지를 좋아한 성격 탓에 부모님 생전에도 늘 나의 이런 면을 부모님은 걱정하셨다. 동물한테 너무 많은 정을 주면 안 된다고 늘 입버릇처럼 말씀하셨는데 타고난 천성이 워낙 여리고 약한 부분도 있기에 절대 이런 유약하고 정 많은 성격이 쉽사리 고쳐지지는 않는다. 주변에는 이렇게 정들여놓고 이별해야 하는 고통이 너무나 크기에 아예 강아지를 키우지 않는다고 말하는 친구들도 있다. 하지만, 이미 내 가족이 된 이상 빌리는 그냥 자식 그 자체로 받아들인다..

백화점에 헤어커트를 하러 갔는데, 스케줄을 예약하지 않아 자르지도 못한 채 집에 돌아오게 되었다. 어차피 예정된 스케줄대로 움직여야 해서 남은 시간을 백화점에서 잠깐 쇼핑하면서 소일하기로 했다. 평소 가지 않던 유아용품 매장을 돌아보다가 우연히 부가부 유모차를 보게 되었다. 얼핏 보기에도 나름 튼튼하게 보였고 왠지 매력이 줄줄 넘치는 기품에 잠시 가던 걸음을 멈추고 유모차를 보게 되었다. 여느 유아용 유모차와는 확연히 편의성에서도 차이가 났다. 옷을 팔던 점주께서 어디선가 나타난 이 유모차가 얼마인지, 그리고 기품있는 유럽 황실에서 인기가 있는 제품이며 한국에서도 어느 정도 사는 집에서만 탐낼 수 있는 제품이라며 휘황찬란하게 설명을 해주셨다. 무엇보다 처음엔 내 귀를 의심케 하는 고가에 난 아연실색하여 사실 그냥 자리를 뜨고 싶었지만, 최근 우리집 빌리 유모차를 끌면서 허리가 여간 아팠던 게 아니어서 잠시나마 점주분께서 친절하게 설명해주시면서 왜 제품이 좋은가에 대한 이해를 도모하는 말씀에 난 나도 모르게 빠져들고 말았다. 아울러 강아지 용도로 부가부 유모차를 사간 2호 견주가 되었다며 전혀 낯선 행동이 아니니 안심하고 유모차를 사가라고 권유했다.

가격이 솔직히 상당히 고가여서 수십 차례 망설였지만, 기존에 내가 빌리유모차라고 끌고 다니던 캐리어와는 질적인 면에서 확연히 차이가 났고 무엇보다 직접 끌어보라며 기회를 주시는데 말로는 못 할 감동이 밀려왔다. 원래 유아용으로 나온 제품이지만, 강아지 유모차로도 손색이 없는 훌륭한 제품이라며 연신 말씀하시는 점주분께 일명 홀려 나도 모르게 계산을 하고 말았다. 다른데서 아껴 이 제품을 구입하는게 좋겠다는 생각이 든 순간, 난 아무것도 생각할 수가 없었다. 그저 일반인에게는 흔한 강아지 한 마리일지 모르지만, 집에서 함께 기거하며 일거수일투족을 나한테 관심 두고 애정을 쏟는 강아지는 이제 반려동물을 넘어서 진정 가족이라고 생각한다. 곰곰 생각하면 무조건 나를 좋아하는 이 녀석한테 뭘 해줬는지 묻는다면 변변한 것 해준 게 없다. 너무나 미안한 마음이 들었고, 아무것도 해주지 않아도 단지 아빠라는 이유로 좋아하는 빌리를 위해 이 정도의 사치는 내가 받은 사랑에 비하면 전혀 아깝지 않다는 생각이 들었다.

'사랑하는 빌리야! 부디 건강하게 아빠랑 오래오래 행복하게 살자!'

가끔 개만도 못한 인간이라고 왜 사람들이 손가락질하는지 알 것 같다. 강아지는 본인들이 뭔가를 받지를 않아도 오로지 주인을 위해 희생하고 꼬리치며 좋아하는데 정작 인간은 부자지간을 봐도 받은 사랑을 감사하고 돌려주기는커녕 나이 들면 오히려 더 많은 것을 부모에게 바라는 사람이 있는가 하면 인간관계에서도 양아치 짓을 하는 사람이 너무나 많으므로 이런 말이 생긴 것 같다. 그리고 간혹 우리나라 욕에서도 마찬가지겠지만 개를 소재로 한 욕이 너무나 많은데, 이는 언어학적으로 따져 볼 때, 개를 동물이라기보다는 아예 인간과 동급으로 취급해 사람으로 간주하기 때문에 사람의 관점에서 봤을 때 동물이므로 본능적으로 행동하는 측면에 대해 서운함을 그렇게 표현한 것으로 생각한다. 아무튼 이런저런 모든 것을 따져 볼 때, 동물도 생명을 가진 고귀한 존재이므로 무조건 이들을 학대하거나 분풀이 대상으로 삼는 것은 자제해야 한다. 그들은 더 우리 인간의 노리갯감이 아니라 우리와 함께 이 세상을 같이 살아가는 동반자이자 친구이기 때문이다.

12. 망개떡 찾아 삼만리

망개떡을 왜 그렇게 좋아하는지 모른다. 사실 떡이라면 자다가도 벌떡 일어나 떡을 먹을 정도로 떡을 좋아하는 이유를 한 날은 곰곰 생각해보았다. 이유는 간단했다. 어릴 때, 어머님이 집에서 손수 정말 많은 떡을 해주셨기 때문이다. 가끔 내가 집에서 생선을 말리고 떡을 만들고 온갖 이름 모를 요리하는 이유도 모두 어린 시절, 어머님이 해주시던 요리를 곁눈으로 배우든 아니면 정식으로 배우든 나름 터득한 덕분이다. 내가 떡을 만들어 언젠가 친구에게 선물해줬을 때 깜짝 놀라던 기억이 아직도 새록새록 머리에 남아있다. 일본으로 유학 간 내 친구 윤호는 지금쯤 어디에서 무엇을 하고 지낼지 가끔 보고 싶다.

내가 떡이라면 다 좋아하긴 하지만, 그중에서도 난 망개떡을 가장 좋아한다. 어릴 때, 어머님은 그렇게 만들기 어렵다는 망개떡을 정성스레 만들어 나를 비롯한 가족에게 먹이곤 하셨다. 망개잎을 어디서 구하셨는지 정성스레 구해와서 소금에 절여 장독대에 넣어 보관하신 후, 찹쌀이 아닌 멥쌀을 방앗간에서 정말 수차례 갈아와서 이를 찜기에 쪄서 찰기가 생기도록 계속 방망이 짓을 하며 기나긴 시간을 떡 만드는 데 시간을 할애하셨다. 물론 팥을 삶아 으깨어 소로 준비하는 과정도 만만치 않았던 것 같다. 시루떡, 수수떡, 무지개떡도 당시 집에서 어머님께서 손수 만들어주셨던 기억이 난다. 봄이면 어디선가 쑥을 뜯어 정성스레 말려 쑥떡도 만들어주셨는데, 그 노란 콩고물이 그렇게 고소하고 맛있을 수가 없었다.

세월이 흘러, 학교에 근무하면서 학생의 할머니가 손수 만드셨다며 망개떡을 가져오셨다. 어찌나 맛있었는지 한 번에 거의 10개를 마파람에 게눈 감추듯 먹었던 기억이 난다. 아마도 어머님과 애틋한 추억에 목이 메도록 떡을 삼켰는지도 모른다. 그리고 최근 건강상 떡을 되도록 먹지 말아야 함에도 문득문득 망개떡에 대한 사무치는 그리움으로 망개떡을 온갖 집 주변 근처 떡 가게를 수소문하며 찾아다녔지만, 요즘처럼 먹을 것이 많은 세상에 그렇게 손이 많이 가는 망개떡을 파는 가게는 흔치 않았다. 망개떡은 말 그대로 망개잎에 떡을 싸서 보관하듯 디자인하는 게 특징인데 이게 웬만한 정성으로는 이루어지지 않기 때문에 다들 쉽게 만드는 떡으로 업종을 변경한 것 같다. 그런데도, 거의 일주일에 걸친 노력으로 망개떡을 파는 가게를 그것도 집 근처 인근에서 찾게 되었고 새로 산 빌리 유모차를 끌고 1시간 가까이 걸어가서 드디어 실물로 망개떡을 영접하는 순간, 난 너무나 감격에 겨워 속으로 살짝 울고 말았다. 내가 그토록 찾아 헤매던 망개떡이 바로 지척에 있음에도 내가 몰랐다는 사실이 너무나 억울하기도 하고, 내가 도대체 왜 이렇게 망개떡에 목을 매는지 내심 한심하기도 하며, 그렇게 간절한 마음으로 갈구한 망개떡이 드디어 내 눈 앞에 펼쳐지는데 그 영롱한 자태가 너무나 고결하고 아름다워 살짝 도취한 탓도 있음을 고백한다.

얼른 계산하고 10개 들이 박스를 몇 개 구입해 가게를 나와 맛을 보았다. 물론 내가 어릴 때 먹던 맛과는 다소 차이가 있긴 했지만, 망개에서 스며 나오는 은은한 냄새는 예전에 내가 맡았던 그 냄새와 같았다. 연세 드신 두 할머니께서 정성껏 빚은 이 망개떡이 부디 대를 이어 젊은이들에게까지 명맥을 유지했으면 좋겠다는 생각이 들었다. 손이 많이 가는 정성이 난 그 무엇보다 소중하다고 생각하며 아무리 인스턴트 음식이 판치는 세상이라고 해도 우리의 아름다운 전통이 고이고이 간직되어 후대까지 전달되면 얼마나 좋을까? 라는 생각이 비단 나만의 착각이 아니길 간절히 기대해본다. 망개떡을 건네던 주름진 할머니의 따스한 온기가 내 가슴에 전해지는 느낌이다.

'부디 건강하게 오래오래 사셔서 이 아름다운 전통을 지켜주세요!'

마음속으로 간절한 기도를 드려본다. 사실 건강상 망개떡을 많이 먹을 수 없음에도 난 어린 시절 향수에 젖어 망개떡이 전하는 아름다운 사연을 추억 삼아 다시금 입안에 망개떡을 넣고는 행복에 겨워한다.

13. 낭만가이 경중이의 주말나들이

외국 의료계 회사의 영업 및 로봇 시술과 관련된 일을 하는 경중이는 그야말로 긍정의 아이콘이다. 아무리 어려운 일이 닥쳐도 늘 긍정의 마인드로 이를 헤쳐나가는 모습이 참 보기 좋다.

이런 경중이의 삶을 옆에서 지켜보면서 드는 생각은 늘 윗사람을 공경하는 마음씨이다. 직장상사와 사실 가깝게 지내면서 캠핑을 같이할 정도까지는 어려울 것 같은데, 이 친구는 스스럼없이 나이 차가 거의 10살 나는 직장상사와 캠핑 여행은 물론 낚시까지 함께 하며 돈독한 우정을 자랑한다. 이 친구가 1달에 절반 정도를 언젠가 휴가로 보낼 수 있었던 것도 이러한 그이 인간관계와 처세술 그리고 무엇보다 업무에 있어 탁월한 능력을 발휘하기 때문이라고 생각한다. 아무리 처세술이 뛰어나고 업무적인 부분에서 뒤처지면 직장에서 오래 살아남기가 어렵기 때문이다.

이런 경중이한테서 발견되는 또 다른 매력 포인트는 본가와 처가 둘 다 골고루 잘한다는 점이다. 아내와 본가 부모님을 사이에 두고 경중이는 줄다리기를 잘하는 편이다. 사실 요즘 젊은 새댁들이 시부모님에게 예전처럼 봉양하기가 쉽지는 않다. 주말이면 학원스케줄이 잡혀 꼼짝할 수도 없으며 1년 중 나름 중요한 시댁 행사에도 학원스케줄과 맞물려 생신이든 제사든 도저히 갈 수 없는 상황이다. 자녀교육 때문에 며느리가 오지 못한다는데 이를 트집 잡아 뭐라고 하는 시부모도 현재는 없다. 경중이는 이를 인지하고 사실 자녀 중 유치원에 다니는 막내딸을 데리고, 부모님과 함께 산행 캠핑을 떠난다. 마음 불편한 며느리를 굳이 억지로 데리고 가기보다는 그냥 본인이 알아서 캠핑 준비를 해서 고기를 구워드리는가 하면 식사를 직접 해드리는 과정을 통해 그동안 못다 한 효도를 다 하고자 노력한다.

그리고, 아무래도 요즘은 자녀 양육과 관련하여 엄마의 역할이 더욱 커지는 상황에서 처가의 도움을 알게 모르게 받기 때문에 처가 집안 행사와 관련해서도 경중이는 맏사위로 자신의 도리에 최선을 다한다. 단양팔경 가을 단풍산행에 필요한 모든 준비하고, 본인이 직접 운전을 하여 장인어른과 장모님을 모시며 처가 식구들을 인솔하기에 경중이에 대한 처가의 신뢰도는 상당히 높다는 생각이 든다. 그러던 경중이한테 어느 날 전화가 왔다.

"형님! 잘 지내시죠?"

"응, 경중아! 어쩐 일이야?"

다소 목소리에 힘이 없는 걸 들어보니 분명 무슨 일이 있나 보다.

"아뇨, 별일 없습니다. 그냥 요즘 바빠서 전화 인사도 드리지 못해 안부 인사드리는 겁니다."

"에이, 거짓말하지 말고, 무슨 일이야?"

전화기 너머로 들리는 지친 톤의 한숨은 분명 무슨 일이 있음을 알게 하는 대목이었다.

"그냥 주말마다 이렇게 직장상사, 본가 및 처가 식구들이랑 다니다 보니 정작 저 시간이 없네요! 게다가 이것저것 일부터 백까지 다 챙겨서 저가 준비하다 보니 너무 지치기도 하구요!"

사실 타인의 행복을 위해 본인이 솔선수범해서 모든 일을 준비한다는 것은 너무나 힘겹고 어려운 일이다. 나 역시도 평생 교육자로서 제자들을 챙기고 또는 주변 사람을 챙기는 일을 하면서 다들 어떻게 그렇게 잘하느냐부터 시작해서 그런 일을 즐기는 사람으로 오해하는 경우가 많다. 물론 싫어하는 것은 아니지만, 나 역시도 인간이기에 굳이 피할 수 있다면 안 하고 싶을 때가 많다. 그런데도 하는 이유는 나의 희생으로 타인이 행복하다면 어쩔 수 없이 하는 게 낫다는 생각 때문이다. 이제 나이가 들어가면서 이러한 역할에 대해 나도 좀 얕은꾀를 부려 피하고 싶은 마음도 들지만, 타고난 성향이 워낙 타인을 배려하는 마음이 크다 보니 나 역시도 싫다는 소리를 대놓고 못 해 속앓이하는 경우가 많다. 동병상련의 심정으로 경중이를 보면서 마치 내 자화상을 보는 듯한 느낌이 드는 이유는 뭘까? 이제라도 경중이가 자신의 마음에 좀 더 솔직하게 행동하고 싶은 것과 좋은 것을 가끔은 솔직하게 드러내고 마음의 짐을 내려놓았으면 좋겠다. 어쩌면 이 말이 나한테도 해당하는 말이기에 나 역시도 내 감정에 좀 더 충실하게 행동해야겠다는 생각이 든다.

14. 주말 조찬모임의 행복

주말 조찬모임이 있다. 나도 사실 여기에 합류한 지 오래되지 않아 많이 참석하지는 못했지만, 조찬모임에 거는 기대는 크다. 사실 조찬모임이 그렇게 성대한 아침을 먹는 것이 아니라 근처 사는 친구들 4-6명이 토요일이나 일요일 9시 전후 만나 설렁탕집이나 소머리국밥, 추어탕 집에서 간단히 식사하고 막걸리 한 잔에, 이후 커피숍에서 쓴 커피를 마시며 1주일 자신들이 경험한 일에 대해 편안히 이야기하는 것이다. 일명 근황 토크를 가볍게 진행하는 것이다. 또 토크라고 하면 부담스러울 수 있으니 그냥 남자들이 만나 수다를 떤다고 하는 게 솔직한 표현이다.

제약사 다니다 잠시 휴직한 친구, SK를 다니다가 명퇴하고 개인사업을 하는 친구, 여행사를 하는 친구, 외국계 의료기 회사에 다니는 친구, 삼성에 다니는 친구 등 다양한 직군의 남자들이 만나 주말 오전을 아름답게 보내고자 노력한다. 물론 매주 다 만나거나 그럴 수는 없지만, 시간이 되는 사람이 먼저 단톡방에 메시지를 남겨 참석 가능 여부를 타진 후 메뉴를 선정하게 된다. 그리고 정확하게 나중에 더치페이를 통해 깔끔하게 정리한다. 혼자 부담할 정도의 형편은 되지만 이렇게 하는 이유는 서로 부담을 주지 않기 위해서이다. 그런데도 행여 집을 팔거나 건물을 파는 등 큰 이슈가 있는 경우는 일명 한턱낸다는 차원에서 한우집에서 거하게 쏘기도 한다. 재홍이가 일명 지난번 집을 팔아서 생긴 돈으로 크게 한우 턱을 쐈는데 그 이후로 다들 턱 내기가 부담스러워 집을 팔지 않고 그대로 보유하기로 했다는 후일담이 있다.

이처럼 소소한 일상에서 행복을 찾고자 하는 모임은 우리 주변에 많다. 마음 맞는 사람끼리 모여 골프를 치는가 하면, 아이스하키를 하는 사람, 동호회를 통해 만나 같이 스포츠를 즐기는 사람, 취미가 같은 사람끼리 모여 뜨개질하거나 요리를 즐기는 사람 등 정말 시간적 여유가 된다면 함께 즐기고자 하는 사람이 많다. 물론 가족끼리 모여 오붓한 시간을 보내는 것도 좋지만 가족과는 또 다른 느낌의 자기 성향과 비슷한 사람끼리 시간을 보내기를 원하는 이유는 공감대 형성이라고 생각한다. 가족이라고 해서 모두 공감대가 같을 수는 없기에 인간은 누구나 좀 더 편안한 환경에서 나만의 이야기를 같이 나누거나 함께 할 상대를 찾는 것이다. 이는 단순히 남녀 간의 애정을 논하는 것과는 별도로 마음 맞는 사람끼리 일명 플라토닉 러브를 갈구하는지도 모른다. 정신적인 교감을 통해 이 각박한 현실에서 좀 더 마음을 주고받고 이야기를 나누는 과정에서 삶에 대한 또 다른 기쁨을 추구하는 것이다.

언젠가 사교모임에서 조찬모임이라며 일명 식삿값을 상당히 거하게 내고 유명인사의 덕담을 듣는 자리가 있었다. 난 그런데 사실 그런 자리를 선호하지 않는 이유는 그냥 나의 단편적인 생각에 너무 인위적으로 마련된 자리에 어쩌면 자기의 본 모습을 가린 채 위선적으로 행동해야 한다는 부담감 때문이었다고 지금에서야 깨닫게 된다. 다들 그렇지는 않겠지만 서로 목적이 있어서 모이는 자리엔 당연지사 한 꺼풀의 가식을 드리운 채 본 모습을 드러내기가 쉽지 않기 때문에, 연기 아닌 연기가 필요한지도 모른다. 세월이 흘러 이 나이가 되고 보니 그런 연기도 인생살이에서 필요하다고 느끼지만 어쩌면 그런 연기를 훌륭히 소화해내지 못했기에 나 같은 경우는 아직도 소확행을 꿈꾸는 만년 피터팬으로 이렇게 살아가는 것이 아닌가? 스스로 반성해 보게 된다. 만일 나한테 다시 이런저런 기회가 온다면 난 어떻게 살 것인가? 나름 곰곰 생각해본다. 그런데, 결론은 별반 달라질 것이 없을 것 같다. 오늘 산책하면서 느낀 것처럼 그냥 이렇게 평범하게 소확행을 꿈꾸며 작가랍시고 글이나 써가면서 해변을 거닐 것 같다. 그리고, 나한테 행여 조찬을 같이 하자고 카톡이 오면 아무런 부담감이나 가식 없이 그냥 편한 체육복 차림에 집을 나설 것 같다. 이것이 가장 큰 행복임을 너무 잘 알기 때문이다.

15. 장모님과 국화꽃

와이프의 항암 투병으로 장모님과 아름다운 동거가 시작되었다. 물론 그전에도 같이 기거한 적은 있지만 이렇게 6개월이라는 장시간 동안 한 번의 쉼도 없이 지속해서 같이 살게 된 것은 상당히 이례적인 케이스라 적잖이 고심다운 부분도 있었음을 먼저 고백한다. 하지만, 20년이라는 기나긴 세월을 함께 봐오며 생활했기에 그리 낯선 일도 아니다. 이제는 속옷도 서로 편하게 입고 다닐 정도의 친밀함이 생겨서 전생에 남다른 인연이 있었나 보다 생각한다. 돌아가신 부모님과 함께 한 시간보다 피는 섞이지 않았지만, 인위적인 인연으로 오히려 장모님과 더 많은 물리적 시간을 함께 보냈기에 이런저런 추억도 나름 켠켠이 쌓인 것 같다.

거의 6개월간, 와이프 항암과 관련하여 병간호 아닌 돌봄을 함께 하느라 장모님은 그 흔한 외출도 마음 편히 한 번 못한 것 같다. 안 그래도 여러모로 신경이 날카로워 매사 짜증 아닌 짜증이 나는 상황에서 딸자식의 투병이 마치 당신의 잘못인 양 장모님은 숨소리 한 번 크게 내지 못한 채 사위인 내 눈치를 보며 하루하루 보냈을 것이라는 생각에 갑자기 왠지 모를 미안함과 죄책감이 밀려온다. 별일 아닌 사소한 문제에도 집에 환자가 있는 상황에서는 매번 크게 주목받고 확대해석되어 오해 아닌 오해를 불러온다.

하지만, 시간이 흘러 싫든 좋은 20년을 함께 한 세월의 정이 묻었기에 이제 굳이 여러 말을 하지 않아도 서로를 이해할 만큼 나름 돈독한 관계가 형성되었다고 해도 과언이 아니다. 한국 나이로 장모님도 이제 여든을 훌쩍 넘어 어느새 구순을 향해 달음박질하고 있다. 적잖은 연세이지만, 다리와 무릎이 아픈 것을 제외하면 오히려 나보다 더 정정할 정도로 삶에 의욕적이며 활동적이다. 가벼운 인지장애 정도를 앓고 있기에 가끔 상황판단을 잘못하셔서 그렇지, 이러한 사소한 문제는 정작 나도 어쩌면 앓고 있을지도 모르기에 그냥 그러려니 생각하며 편하게 대한다. 우리집 고양이 비바와 강아지 빌리의 밥과 물을 늘 챙겨줌은 물론 간혹 우리집 식사와 반찬까지도 기어코 하겠다고 할 정도로 열정은 넘친다. 물론 대부분은 내가 하고 있긴 하지만, 사실 도우미를 두려고 해도 울집 빌리 강아지가 워낙 아빠인 나를 따라서 절대 타인이 우리집에 기거하거나 도와주러 오는 것을 용납하지 않아 언제나 일복은 내 차지이다.

그렇게 훌륭한 요리는 아니지만 늘 정갈하게 음식 장만하시고 손수 빨래까지 하시며 마른빨래를 정갈하게 정리하는 모습에서 젊은 시절부터 큰 집안 살림을 도맡아 하면서 쌓인 노하우를 엿보게 된다.

모처럼 주문진 양양에 모여 소소한 가족 모임을 진행했다. 장모님의 영원한 짝사랑 큰아들 형님 내외가 거의 반년, 아니 1년 만에 찾아와 거의 1주일간 기거하며 2022년의 마지막 두 달의 추억여행을 쌓아나갔다. 세월 정말 빠르다고 와이프 병간호하느라 1년의 세월이 그렇게 후루룩 쏜살같이 지나가고 어느새 가을의 막바지에서 올해를 맞이하고 보니 여러 복잡 다사한 감정이 교차한다. 다행히 이제는 어느 정도 완치 단계에 이르러 예방을 위한 표적 항암치료만 5회 받으면 얼추 치료가 끝나지만 올 초만 해도 제발 올해가 어서 빨리 지나가기만을 간절히 기도했는지도 모른다. 희망의 끈만 놓지 않고 꽉 붙잡고 있으면 또 살아갈 만한 세상이 우리네 삶인가 보다.

마당에 흐드러지게 아름답게 핀 형형색색의 국화꽃을 바라보며 만감이 교차한다. 봄에 와서 밑거름을 주고, 그 바쁜 와중에도 짬을 내어 장마에 쓰러진 국화 대를 지지대에 묶어 정성 들여 키웠는데 시간이 흘러 이제는 의젓하고 아름다운 자체를 자랑하며 마당 전체를 울긋불긋 아름답게 수놓으며, 은근한 국화 형기는 덤으로 선물하며 동해의 일렁이는 가을바람에 코끝을 아련하게 적셔준다. 과하지 않은 국화 향기에 내 마음을 맡기고 있노라면 잃어버린 정신마저 맑게 정화해 줄 정도로 기분이 좋아짐은 물론 아련한 기억 저편의 추억마저 떠오르게 하는 묘한 매력을 발산한다. 쉴새 없이 달려드는 나비와 벌의 끊임없는 유혹과 구애에도 태연

자약하게 자태를 과시하며 오상고절을 지키는 국화가 그렇게 사랑스러울 수밖에 없는 이유는 인고의 세월을 견뎌온 장모님의 삶과 견주어 가히 부족함이 없을뿐더러, 이제는 나름 인생을 어느 정도 살고 인생의 뒤안길로 한 발 내디디고 있는 나 자신의 삶에 비추어 지난 세월 당당하고 알차게 살아왔음에 대한 뿌듯함과 프라이드가 공존하기 때문이다.

유독 국화꽃 옆에서 빌리, 비바는 물론 온 가족이 모여 가족사진을 찍자고 간청하는 장모님의 모습이 갑자기 애잔하게 느껴진다. 오랜만에 가족이 모여 기분 좋아 그럴 수도 있지만, 다른 한편으로는 장모님께서 무심코 던진 마지막 한마디 말씀이 너무나 슬프고도 애잔하게 가슴을 후벼팠기에 더 뇌리에 오래 기억되는 지도 모른다.

"이제 내가 두 번 다시 이 국화꽃을 볼 수 있을까? 내년에 다시 와서 이 꽃들을 보면 좋을텐데..."

화들짝 놀라며 내가 답한다.

"엄니, 이게 무슨 말씀이래요? 내년이 뭐야? 앞으로 백 세는 거뜬히 누릴 수 있는데, 안 그래요?"

하긴 백수를 누린다고 해도 그렇게 긴 시간이 남은 것은 아니다. 하루가 다르게 기력이 떨어져 여행하는 내내 힘들다며 중간에 몇 번이고 쉬었다 가자며 투정 부리는 모습에 세월이 그저 야속하다는 생각이 들었다.

"엄니! 우리 빌리, 비바랑 앞으로 더 행복하게 사셔야지!"

빌리, 비바랑 장모님의 사랑은 애틋하다. 그도 그럴 것이 아픈 엄마와 바쁜 아빠를 대신해 늘 비바랑 놀아주는 건 할머니밖에 없기 때문이다. 비바가 유독 할머니를 좋아하며 늘 다리에 꼬리를 휘감고 할머니만 졸졸 따라다니는 데는 그만한 이유가 있다. 동물과 사람이라는 종을 넘어 그들만의 끈끈한 사랑과 정이 있음을 난 너무나 잘 안다. 행여 잠시 집을 비워 한동안 빌리랑 비바를 못 볼 것 같으면, 빌리와 비바 생각에 밤에 잠이 오지 않음은 물론 너무나 보고파서 눈물이 난다는 장모님의 말씀에 가슴이 먹먹했던 적이 한두 번이 아니다. 늘 친손주처럼 품에 안고 예뻐하는 장모님 곁에서 빌리, 비바는 그야말로 손주 사랑을 받으며 그렇게 10년, 5년의 세월을 보냈다. 국화꽃이 활짝 핀 화단에서 다정스레 같이 사진 찍고 나서 그제야 장모님은 만면 가득 웃음꽃을 피운다.

"내가 괜히 또 쓸데없는 소리 해서 자네 속상하게 했나 보네! 그냥 잊어버리게나! 내가 우리 아가를 두고 어디를 가겠어? 저승사자가 날 잡겠다고 달려와도 내가 냉큼 쫓아버리면 그만이지!"

국화꽃처럼 활짝 웃는 장모님의 밝은 미소가 오늘따라 유난히 사랑스러워 보이는 이유는 단지 11월 가을이 주는 시절의 분위기 탓만은 아닐 것이다. 평생을 타인을 돕고, 늘 올곧게 세상에 사랑을 실천하며 살아온 임 줄리아 당신의 삶이 활짝 핀 국화꽃처럼 너무나 탐스럽고 아름답기 때문이다.

'늘 지금의 소녀 모습 그대로 해맑고 밝은 미소로 건강하소서!'

난 오늘도 감사와 간절한 바램의 기도를 국화꽃 옆에서 드려본다.

장모님과 국화꽃

1판1쇄 2023년 2월 10일

저자 전설
발행인 이경화

발행처 디자인21
주소 04560 서울특별시 중구 퇴계로 293-1 3층
전화 02-2269-6561(대)
팩스 02-2269-6568
e-mail 21publish@naver.com

등록번호 제1-1128호
등록일자 1991.2.12

ISBN 978-89-6131-107-6 03810

정가 12,000원

http://21publish.co.kr/
https://blog.naver.com/publish21